Hitler, Scheiße, Lufthansa. Diese drei deutschen Wörter kennt Abbas Khider, als er aus dem Irak flieht. Zwanzig Jahre später ist er ein vielfach ausgezeichneter deutscher Schriftsteller, der akzentfrei schreibt – aber nicht spricht. Dies ist sein ungewöhnliches Lehrbuch für ein neues Deutsch. »Deutsch für alle« ist ein Trostbuch für alle Deutschlernenden und deren Angehörige, für Expats, Einwanderer und Menschen in mehrsprachigen Liebesbeziehungen. Und es ist ein herrliches Vademecum für alle Lauchs, die glauben, die deutsche Sprache bereits zu kennen – und Spaß an ihr haben. Provokant, erhellend und unterhaltsam gelingt Abbas Khider dabei auch ein satirischer Blick auf die deutsche Gesellschaft.

ABBAS KHIDER wurde 1973 in Bagdad geboren. Mit 19 Jahren wurde er wegen seiner politischen Aktivitäten verhaftet. Nach der Entlassung floh er 1996 aus dem Irak und hielt sich als »illegaler« Flüchtling in verschiedenen Ländern auf, seit 2000 lebt er in Deutschland. 2008 erschien sein Debütroman »Der falsche Inder«, es folgten die Romane »Die Orangen des Präsidenten« (2011), »Brief in die Auberginenrepublik« (2013) und »Ohrfeige» (2016). Zuletzt wurde er mit dem Nelly-Sachs-Preis, dem Hilde-Domin-Preis und dem Adelbert-von-Chamisso-Preis geehrt. Abbas Khider lebt in Berlin.

Abbas Khider

Deutsch für alle

Das endgültige Lehrbuch

btb

Sollte diese Publikation Links auf Webseiten Dritter enthalten,
so übernehmen wir für deren Inhalte keine Haftung,
da wir uns diese nicht zu eigen machen, sondern lediglich auf
deren Stand zum Zeitpunkt der Erstveröffentlichung verweisen.

MIX
Papier aus verantwor-
tungsvollen Quellen
FSC
www.fsc.org
FSC® C014496

Verlagsgruppe Random House FSC® N001967

1. Auflage
Genehmigte Taschenbuchausgabe September 2020
btb Verlag in der Verlagsgruppe Random House GmbH,
Neumarkter Str. 28, 81673 München
Copyright © 2019 Carl Hanser Verlag GmbH & Co. KG, München
Covergestaltung: Semper Smile nach einem Entwurf
von Peter-Andreas Hassiepen, München
Coverillustration: © Jörg Hülsmann, Berlin
Druck und Bindung: GGP Media GmbH, Pößneck
cb · Herstellung: sc
Printed in Germany
ISBN 978-3-442-71961-7

www.btb-verlag.de
www.facebook.com/btbverlag

Für alle, die auch aus den Randbemerkungen eine Hoffnung herauslesen können, wollen und werden.

Mascha Kaléko
Heimweh, wonach?

Wenn ich »Heimweh« sage, sag ich »Traum«.
Denn die alte Heimat gibt es kaum.
Wenn ich Heimweh sage, mein ich viel:
Was uns lange drückte im Exil.
Fremde sind wir nun im Heimatort.
Nur das »Weh«, es blieb.
Das »Heim« ist fort.

Vorbemerkung

Nicht alle Ereignisse, die hier erzählt werden, haben sich wirklich so zugetragen. Einige habe ich verfälscht. Nicht alle Einfälle sind originell, ein paar habe ich gestohlen oder ausgeliehen. Dies Büchlein ist ernsthafter sprachwissenschaftlicher Schwachsinn.

Das Wohltemperierte Deutsch

»Ich spreche Spanisch zu Gott, Italienisch
zu den Frauen, Französisch zu den Männern
und Deutsch zu meinem Pferd.« *Karl V.*

Beginn

Als ich in der Bundesrepublik ankam, kannte ich lediglich
drei deutsche Wörter: HITLER, SCHEISSE und LUFTHANSA.
Das sind international bekannte Begriffe. Viele Menschen
kennen sie, ohne jemals in Deutschland gewesen zu sein.

Von dem österreichischen Künstler Adolf HITLER habe
ich zum ersten Mal im Zentrum von Bagdad erfahren. Die arabische Übersetzung seines Buches *Mein Kampf* lag überall auf
den Tischen und in den Schaufenstern der Buchläden meiner
Heimatstadt. Es war das Lieblingsbuch des älteren Sohnes
des irakischen Diktators. Daher die weite Verbreitung.

Von der großen Fluggesellschaft, der Deutschen LUFT-
HANSA, hörte ich erstmals auf meiner Flucht durch zahlreiche Länder. Es war wohl in Amman, der Hauptstadt Jor-

11

daniens. Lufthansa gehörte zu jener Zeit, zusammen mit den Wörtern VISA und ASYLUM, zu den meistverwendeten Fachbegriffen der Vertriebenen. Die Maschinen der Lufthansa, so unerreichbar wie Europa, so märchenhaft wie ein fliegender Teppich. Nur die Reichen und Mächtigen unter den Flüchtlingen hatten einen legalen oder illegalen Zugang zu dieser Fluglinie, was zugleich bedeutete, dass sie mit ihrer Anreise aus der Luft ihre Asylchancen erhöhten. Denn tatsächlich gab es eine Sonderregelung für diejenigen Einreisenden, welche die Grenzen nicht auf dem Landweg passierten.

Von der erwähnten SCHEISSE erfuhr ich erst in Italien. Ich lungerte dort wochenlang mit einer Menge anderer Asyltouristen am Bozener Hauptbahnhof herum. Wir warteten auf eine günstige Gelegenheit, um über die nahegelegene Grenze zu kommen und weiterzureisen. Eines Tages kam ein freundlicher Mitarbeiter der Caritas vorbei, ein Deutscher. Er brachte ein paar Decken für uns mit. Als einer ihn fragte, wie das Leben für die Asylbewerber in Deutschland so sei, antwortete er: »Scheiße.« Allein der zischende, spitze Klang dieses Wortes machte uns die Bedeutung schon klar. Er schwieg, dann ergänzte er auf Englisch: »Dieses Wort werdet ihr noch oft verwenden.« Wie recht er behalten sollte! Das meistgesprochene Wort der Bürger auf deutschen Straßen und Gehwegen ist: SCHEISSE.

Im Jahr meiner Ankunft in Deutschland war ich siebenundzwanzig Jahre alt. Nun, fast zwei Jahrzehnte später, ist mein Wortschatz zum Glück etwas angewachsen. Ich kenne heute sogar Wörter mit über dreißig Buchstaben, wie NAH-

RUNGSMITTELUNVERTRÄGLICHKEIT oder ARBEITER-
UNFALLVERSICHERUNGSGESETZ. Solch ein Ausdruck ist
in meiner Muttersprache ein Ding der Unmöglichkeit. Das
längste Wort der arabischen Sprache besteht aus zehn Buchstaben – inklusive des Artikels! Ich kenne inzwischen auch
allerlei kuriose deutsche Ausdrücke, die so vermutlich in keiner anderen Sprache oder Kultur der Welt entstanden sein
könnten, wie z. B. KUMMERSPECK, FREMDSCHÄMEN, LE-
BENSPLANUNG oder WARMDUSCHER.

Auch die Grammatik ist mir mittlerweile so geläufig, wie
die zahlreichen Paragrafen der Steuererklärung es notge-
drungen sind. Deutsche Paragrafen und deutsche Grammatik
haben etwas gemeinsam: Sie sind zum Heulen. Beide The-
menfelder haben mich im Laufe der Jahre an den Rand des
Wahnsinns gebracht und mehr Tränen vergießen lassen als
manch schreckliche Erfahrung während meiner Flucht.

Heute habe ich keine Schwierigkeiten mehr, mehrere Adjektive mit unterschiedlichen Artikeln und verschiedenen
Nomina gleichzeitig zu deklinieren. Auch kann ich ein Verb in
allen Zeitformen konjugieren oder es am Ende eines Nebensatzes einordnen. Das ist eine gewaltige Herausforderung für
jeden, der die deutsche Sprache erlernen will. Der Rest der
Menschheit, zumindest der Teil, den ich kenne, ist daran gewöhnt, nicht alles gleichzeitig zu deklinieren und zu konjugieren, und auch daran, das Verb an den Anfang oder an die
zweite Position eines Satzes zu stellen. Ich bin tatsächlich un-
glaublich stolz darauf, all das jetzt zu beherrschen. Es hat
mich mehr als ein verfluchtes Jahrzehnt gekostet, bis ich die-

se seltsame Welt aus Konjugationen, Deklinationen und Präpositionen wirklich verstanden habe.

Sie als vermutlich muttersprachlich deutscher Leser dieses Buches können sich höchstwahrscheinlich nicht vorstellen, was diese grammatikalischen Phänomene im Kopf eines Menschen veranstalten, der all das neu lernen muss. In meinem Gehirn haben sie vieles durcheinandergebracht. Ich weiß nicht, wie andere das erleben, aber ich habe, wie eine gespaltene Persönlichkeit, noch immer mindestens drei sprachliche Arbeitsebenen gleichzeitig in meinem winzigen Kopf. Wenn ich einen Satz, zum Beispiel über die gegenwärtige politische Situation in Guatemala, in einem Gespräch äußern will, muss ich zuerst entsprechende Wörter und Wendungen aus meinem Gedächtnis abrufen. Das ist die erste Hürde. Gleichzeitig versuche ich in einem zweiten Schritt, meine Gedanken zu sortieren. Deutlich in der Aussprache und inhaltlich mit den richtigen Worten muss man sich ja ausdrücken, um Missverständnisse zu vermeiden. Zugleich muss ich auf der dritten Ebene an bestimmte brenzlige Punkte der deutschen Grammatik denken, an den richtigen Artikel beispielsweise, an die ordnungsgemäße Deklination, an die korrekte Verbflexion, an die genaue Verbposition im Nebensatz. Alle diese Arbeitsschritte finden gleichzeitig statt, bevor überhaupt ein richtiger deutscher Satz aus mir rauskommt. Ich bin wie ein kleiner Sprachcomputer, der aufwändige Berechnungen vornehmen und seinen Prozessor, die Festplatte und den Arbeitsspeicher an die Grenzen ihrer Leistungsfähigkeit treiben muss, damit ich kommunizieren kann. Seit

Jahren funktioniert das alles zwar einwandfrei, aber nur mit großem Kraftaufwand. Und trotz aller Mühe unterlaufen mir noch immer Fehler, Stilblüten oder linguistische Lächerlichkeiten.

Oft frage ich mich, was mir am besten geholfen hat, richtiges Hochdeutsch zu erlernen. Ich glaube, ausschlaggebend war hierbei vor allem mein Magisterstudium der Komparatistik: Allgemeine und Vergleichende Literaturwissenschaft als Hauptfach und Neuere Deutsche Literatur sowie Philosophie als Nebenfächer an der Universität München. Um überhaupt studieren zu können, musste ich zuvor natürlich ein gewisses Maß an Sprachfertigkeit erlangt haben, das mich, das ist kein Witz, fünf Jahre und tausende Unterrichtsstunden gekostet hat. Vielleicht wäre es auch einfacher gewesen, etwas anderes zu studieren, ein Fach, das keine so hohen Anforderungen an die Sprachkompetenz stellt wie Literaturwissenschaft oder Philosophie. Aber Bücher waren schon immer meine Leidenschaft, und der größte Lernerfolg stellt sich doch ein, wenn man ohne Schwimmärmchen ins kalte Wasser gestoßen wird.

Im zweiten Nebenfach beschäftigte ich mich in den ersten Semestern mit der »Geschichte der Philosophie« und besuchte Seminare über Nietzsche und Schopenhauer, die ich bis heute sehr schätze und in deren Büchern ich immer wieder blättere. Auch wenn ich damals viele ihrer Sätze nicht begriff, konnte ich mir aus dem Kontext irgendetwas zusammenphantasieren. Selbst die deutschen Studenten mussten sich die Texte wortweise erschließen, als seien sie in einer

Fremdsprache geschrieben. Es gibt wohl kein Fach im Deutschen, das mit Philosophie vergleichbar ist, was die Komplexität der Gedanken und zugleich den Anspruch an sprachliche Präzision betrifft. Ansonsten halfen mir meine Wörterbücher. Ich hatte ein Deutsch-Arabisch-, ein Arabisch-Deutsch- und ein Deutsch-Deutsch-Wörterbuch. Im dritten Semester besuchte ich eine Vorlesung zur Erkenntnistheorie und beschäftigte mich in einem Seminar mit drei Philosophen: Kant, Heidegger und Hegel. Doch ich verstand weder ihre Haupt- noch ihre Nebensätze. Im Vergleich dazu sind die Werke von Nietzsche, Schopenhauer oder den französischen Denkern sprachlich das reinste Vergnügen. Aus dem Kontext konnte ich mir überhaupt nichts mehr erschließen, und in meinen Wörterbüchern fand ich auch keine wirkliche Hilfe, da man zum Verstehen selbst einzelner Fachbegriffe eigentlich wiederum drei Werke der Sekundärliteratur lesen müsste. Viele Begriffe und Formulierungen, die Kant und Hegel damals verwendeten, existieren heutzutage nicht mehr, und Heidegger, nun, Heidegger ist ja bekannt für seine Wortneuschöpfungen und seinen wirklich eigenwilligen Umgang mit Sprache.

Es war deprimierend. Ich dachte oft daran, das Fach zu wechseln. Das altgriechische Wort *philosophía* bedeutet ja »Liebe zur Weisheit«, doch diese Wortbedeutung kam mir in jener Zeit wie die reinste Verarschung vor. Mit Heidegger ist die Philosophie nicht die Liebe zur Weisheit, sondern die Sehnsucht nach Depression. Ich war neidisch auf alle Menschen, die keine Ahnung von der deutschen Philosophie hatten, ebenfalls auf diejenigen, die noch nicht geboren waren und deshalb noch nie von diesen irren Typen gehört hatten. Ich nannte diese drei Männer irgendwann die »Dreifaltigkeit des Grauens«, und meine Kommilitoninnen und Kommilitonen lachten sich darüber tot. Ein Mitstudent riet mir irgendwann, ich solle ein persönliches Beratungsgespräch mit einem Dozenten vereinbaren. Ich ging also zu Professor Axel Hutter, einem überaus sympathischen Mann, bei dem ich die »Einführung in die Philosophie« besucht hatte. Er war erst einmal sehr verblüfft, dass ich nicht wegen formaler Fragen und Studienleistungen da war. Er behauptete, er erlebe es nicht oft, dass ein Student zu ihm komme und tatsächlich eine inhaltliche Frage habe, es gehe doch häufig nur um Scheine und Nachweise. Schließlich empfahl er mir, ich solle meine arabischen Wörterbücher zur Seite legen, philosophische Lexika kaufen und möglichst viel Sekundärliteratur lesen, bevor ich überhaupt mit der Primärliteratur anfinge. Sonst klappe es nicht mit harten Nüssen wie Kant oder Heidegger. Ich solle ihre Sätze, Begriffe und Thesen ohne fremdsprachige Hilfswerke zu entziffern lernen und würde sie dann allmählich begreifen.

Es war eine sehr mühsame Lernmethode, doch schnell merkte ich, dass sie wahrhaftig funktionierte. Ich verzichtete von nun an für immer und ewig auf meine arabischen Wörterbücher und lebe seitdem mit diversen Lexika und Duden-Bänden zusammen, mit einer *Einführung in die Philosophischen Grundbegriffe* und mehreren Werken unterschiedlicher Autoren mit dem Titel *Philosophisches Wörterbuch*. Doch die meiste Zeit über dachte ich, alles sei auf Chinesisch mit russischen Buchstaben geschrieben und das Thema sei die Funktionsweise eines Raketenantriebs. Mein Schreibtisch ist auch heute noch ein Gebirge aus Hilfswerken. Der Himalaya des Deutschlernens durch ein Philosophiestudium. Das ist so, als müsste man in der Formel 1 das Autofahren erlernen. Die »Dreifaltigkeit des Grauens« tatsächlich bis ins Detail durchdrungen zu haben, kann ich nicht von mir behaupten. Aber das kann vermutlich nur jemand, der nicht nur Philosophie studiert, sondern danach über einen dieser Philosophen promoviert hat. Denn mit weniger als einem Doktortitel hat man in diesem Fach allenfalls den Bodensatz verstanden und an der Oberfläche gekratzt. Nichtsdestotrotz führte diese harte Schule dazu, dass ich mich nicht länger verzweifelt an meine Muttersprache klammerte, sondern mich dem Deutschen endgültig öffnete. So ist ein zweiter Abbas in mir gewachsen, gewissermaßen ein Herr Abbas Müller-Schmidt, der eine manchmal eigenwillige Technik des Lesens, Verstehens und Formulierens auf Deutsch nutzt, die ihm früher im Studium geholfen hat und jetzt im Berufsleben weiterhilft.

Trotzdem kann ich beileibe nicht behaupten, perfektes Deutsch zu sprechen oder zu schreiben. Ja, noch immer leide ich unter chronischen linguistischen deutschen Traumata.

Vokale und Umlaute

Diese Sprache ist nichts weniger als ein Ungeheuer, was ihre Komplexität und Ausdrucksmöglichkeiten angeht. Ich meine damit nicht nur die heimtückischen Artikel, die gefährlichen Deklinationen, auflauernden Verbflexionen und die Stolperfallen der Verbposition, sondern auch den Kasus des Dativs und Genitivs, die unzähligen Pronomen und Präpositionen, die unregelmäßigen und trennbaren Verben, die Umlautbuchstaben und viele andere seltsame sprachliche Eigenheiten.

Irgendwann schaffte ich es, etwas gegen einen großen Teil dieser kniffligen Biester und wilden Bestien zu unternehmen. Ich konnte sie beruhigen und besänftigen, als hätte ich mich zu einem Trainer ausbilden lassen, der mit tollwütigen Tieren arbeitet. Mit der Geduld von zweihundert Kamelen habe ich mich durch die Wüste des Sprachenlernens geschleppt. Doch die Umlaute Ä, Ö und Ü haben es bislang geschafft, sich meiner Kontrolle zu entziehen. Diese waren und sind meine größten Feinde auf Erden, was die Aussprache betrifft. Bis heute machen mich diese drei Laute nervös. Schon mehrere Silben vor einem solchen Umlaut wird meine Zunge ganz unruhig, werden meine Lippen trocken. Diese phonetischen Tretminen sind für mich so, als kaute ich auf Nägeln. Als hätte man sie in die Worte geschlagen, die ich bilden möchte, und als verhinderten sie wie Widerhaken, dass diese meinen Mund verlassen. Natürlich hört man auch ansonsten einen arabischen Akzent, wenn ich spreche, vor allem, wenn ich nervös und müde bin. Aber die Umlaute führen dazu, dass ich wirklich sofort als Fremder identifiziert werden kann. Sie isolieren mich von den Muttersprachlern und wirken so, als hätte man mir eine leuchtend rote Clownsnase aufgesetzt. Andererseits kann ich wohl froh sein, dass ich kein Ungarisch oder Türkisch lernen musste, da diese Sprachen eigentlich nur aus Umlauten zu bestehen scheinen.

Die Krönung des Umlauts ist allerdings der Diphthong, was per se schon klingt, als wäre es ein Begriff aus dem Vietnamesischen. Bereits das verfluchte AU kann ich als AUsländer kaum AUssprechen, aber wenn die Pünktchen hinzukommen, hat mein interner Sprachcomputer einen schlimmen Systemabsturz. ÄU ist tatsächlich das ÄUßerste dessen, was meine Anatomie aus Gesichtsmuskeln, Stimmbändern, Kehlkopf, Zunge und Zwerchfell zulässt.

In meiner Muttersprache dagegen existieren einige Buchstaben gar nicht erst, wie E, P, G, O, V, W, Z, Ä, Ü oder Ö, und auch nicht Kombinationen wie -CH, -UNG, -TZ und -TION. Auch zwischen einigen Buchstaben wie P und B oder F und V oder E, I und Ä zu unterscheiden ist sehr mühsam für einen Araber. Worte wie FÜRCHTERLICH, PROVOKATION, HÜHNCHEN oder HÄHNCHEN einwandfrei zu artikulieren ist nahezu unmöglich. Auch zwischen bestimmten Wörtern phonetisch zu unterscheiden ist überhaupt nicht einfach und eher irritierend: MUND und MOND, BURGER und BÜRGER, FEE und VIEH, GLÜH und KLO, ROT und RUTH, BUCH und BUCHE, BÜCHER und BÜCHNER, MÜNCHEN und MÖNCHEN … Stellen Sie sich vor, wie ein Bürger sich im Gespräch in einen Burger verwandelt oder wie Münchner auf der Wiesn plötzlich zu Mönchen im Kloster werden.

Ich kann diese Wörter noch immer nicht einwandfrei aussprechen. Im Arabischen gibt es nur ein einziges stolzes U (و). Im Deutschen hingegen existiert eine Mehrzahl von Variationen davon, und mit den Vokalen sind es nochmal doppelt so viele.

Das Ä gehört auch zu diesen schrecklichen Kreaturen unter den Buchstaben. Man muss den Mund verstellen, fast miauen wie eine Katze, um es halbwegs eindeutig auszusprechen. Eigentlich muss man sich vorstellen, man liege beim Zahnarzt auf dem Behandlungsstuhl, um in etwa den Ton zu produzieren, den dieser Buchstabe nötig macht. Ich frage mich, wie solche Eigenheiten sprachgeschichtlich wohl entstanden sind. War jemand erstaunt beim Anblick eines Mammuts, als das »Ööööö« erfunden wurde, oder hat jemand lange nachgedacht, um zu verstehen, wie man einen Pfahlbau errichtet? Vielleicht ist einem Neandertaler ein Stein auf den Zeh gefallen, und vor Schmerz umherhüpfend hat er lautstark Umlaute von sich gegeben. Diejenigen am Lagerfeuer, die seinen Unfall mitbekommen hatten, mussten laut lachen, was nach »Ühühühü« geklungen haben muss. Manchmal frage ich mich sogar, auch wenn es eine grobe Unterstellung ist, ob einige spezielle Geschöpfe unter den Urdeutschen diese verfluchten Umlaute Ä, Ö, Ü absichtlich erfunden haben, um schneller herauszufinden, wer ein Inländer und wer ein Ausländer, wer ein Urbewohner und wer ein Neubewohner ist.

Ich kämpfe immer noch erfolglos damit, diese Laute mit den Lippen korrekt zu formen, und träume davon, einmal in meinem Leben »fünf Euro« oder »fünfzig Cent« beim Trinkgeldgeben im Café oder Restaurant richtig aussprechen zu können. Aber wer versteht mich, wenn das Wort FÜNFZIG wie FUNFSIG aus meinem Mund kommt?

Oft versuche ich, umlautlose Synonyme zu finden, um Wörtern mit Umlauten zu entgehen. Wenn mir keines einfällt, umschreibe ich das Wort einfach, sodass man aus dem Kontext verstehen kann, was ich meine. Einigen meiner Sätze in Interviews wird nachgesagt, sie seien stellenweise blumig und klängen orientalisch und eher nach Lyrik als nach Prosa. Jetzt wissen Sie, warum. Es sind Umlaut-Umgehungssätze.

Ich bin ständig damit beschäftigt, Paraphrasen oder Erklärungen für Wörter mit Umlauten zu suchen. Öl heißt bei mir einfach nur FETT, Bücher sind WERKE, Hähnchen und Hühnchen heißen CHICKEN, und Geflüchtete und Ausländer sind für mich alles einfach nur ASYLANTEN. Wie sonst sollte ich meine Vorträge überstehen? ... Oh, Moment – sie bewältigen ... Nein ... Sagen wir: meine Lesungen hinter mich bringen?

Selbst einen Phonetik-Kurs habe ich vor vielen Jahren einmal absolviert. Mehr als vier Wochen lang lernte ich intensiv mit einer Lehrerin und einem technischen Gerät in der Volkshochschule München. Am letzten Tag sagte mir die Dozentin, ich solle weiterhin das U, Ü, O und Ö üben, dann gab sie mir eine Bestätigung dafür, dass ich den Kurs mit der Note

»befriedigend« abgeschlossen hatte. Auf diese Leistung bin ich noch immer sehr stolz. Bis heute übe ich unentwegt, doch nichts verbessert sich, und allmählich gebe ich die Hoffnung auf. Das deutsche Sprichwort, dass Übung den Meister mache, trifft hier also nicht zu. Falls ich diesen Text einmal vorlesen muss, bleibe ich also lieber bei: Trainieren formt Fachleute.

Nach zahlreichen Jobs in verschiedenen Bereichen, die mit der Literatur nichts zu tun hatten, verdiene ich mein Geld nun schon seit einigen Jahren als Schriftsteller. Das war mein Traum seit meinem sechzehnten Lebensjahr. Und lange blieb es auch nur ein Traum. Als ich in Deutschland erstmals einen Verlag suchte und mein Manuskript verschickte, war unter den zahlreichen Verlagen, für die ich mich interessierte, auch einer mit den beiden Buchstaben U und O zusammen: Du-Mont Buchverlag. Ich habe mir damals wahrlich gewünscht, dass er mein Manuskript ablehnen würde, sonst hätte ich bei einem Verlag veröffentlichen müssen, dessen Namen sowie den der Stadt Köln, in der er ansässig ist, ich niemals richtig hätte aussprechen können. Zum Glück hat dieser Verlag mir eine freundliche Absage geschickt. Es hat dann bei einem anderen, umlautlosen Verlag geklappt. Das Manuskript, an dem ich hier gerade arbeite, wird nun in einem Münchner Verlag erscheinen. Es ist mein Schicksal, denn in München lebte ich mal für ein paar Jahre, aber noch immer kann ich diesen Städtenamen nicht richtig aussprechen.

So schreibe ich nun seit Jahren Bücher auf Deutsch und bin sehr zufrieden mit meinem Job. Beim Schreiben hört man meinen Akzent nicht. Kein Leser kümmert sich um meine Aussprache, und die Zuhörer bei meinen Lesungen finden es »authentisch« und »exotisch«, mich sprechen zu hören. Obwohl es sicher auch einige gibt, die sich darüber belustigen. Einmal habe ich sogar jemanden sagen hören, dass ich meine Bücher unmöglich selbst geschrieben haben könne, weil meine Aussprache doch stellenweise so holprig sei; vielleicht hatte ich auch gerade irgendeinen grammatikalischen Fehler im Gespräch gemacht. Beim Schreiben habe ich für perfektes Deutsch doch alle Zeit der Welt, mein Freund.

Lösung

Ich habe mit dieser Sprache nun aber mehr vor, als nur weitere Bücher in ihr zu verfassen, in denen man meinen starken Ö-Ü-Akzent nicht hört. Ich wünsche mir, dass die deutsche Sprache sanft und nachgiebig wird, sodass ich nicht mehr wochenlang im Arbeitszimmer hocke, um vier Seiten in Ordnung zu bringen. Ein Muttersprachler kann vermutlich eine Seite in einer Stunde grammatikalisch perfekt gestalten. Aber bei mir dauert diese Seite ewig. Allein schon deshalb sind meine Bücher alle so dünn.

Ich möchte nun kleinere Bereiche dieser Sprache, ihres Vokabulars und ihrer Grammatik teils erneuern, teils reformieren, sogar einiges neu erfinden. Ich will, dass in Zukunft keiner mehr das Gejammer von mir und meinesgleichen ihretwegen hören muss; ich will verhindern, dass irgendeiner wie Mark Twain daherkommt und Sätze über das Deutsche sagt wie: »Die deutsche Sprache sollte sanft und ehrfurchtsvoll zu den toten Sprachen abgelegt werden, denn nur die Toten haben Zeit, diese Sprache zu lernen.« Ich will nicht mehr hören, dass man dreißig Jahre brauche, um richtig Deutsch zu lernen, oder dass diese Sprache gerade noch dazu geeignet sei, um mit Pferden und Soldaten zu sprechen, wie Kaiser Karl V. einmal behauptete. Ich möchte diese reiche und vielfältige Sprache in eine Reihe mit den lebendigen, feinen und offenen Sprachen der Welt stellen. Es soll möglich sein, genauso schnell Deutsch zu lernen wie Englisch.

Es ist seltsam, wie sich die Wünsche und Ziele eines Menschen im Laufe des Lebens ändern. Als ich siebzehn Jahre alt war, hielten mich viele für einen Freak, sowohl in meiner Familie als auch in der Schule und in dem Viertel, in dem ich in Bagdad aufwuchs. Ich verbrachte meine Zeit nicht mit den Jungs auf Partys und träumte auch nicht von Mädchen, sondern beschäftigte mich hauptsächlich mit Büchern. Ich liebte philosophische Aufsätze, insbesondere die der alten Sophisten, aber auch die von Averroes oder René Descartes. Ich nannte mich selbst »Abraxas«, nach einem Urwesen der griechischen Mythologie, aus dem die fünf Urkräfte (Geist, Wort, Vorsehung, Weisheit und Macht) hervorgegangen sein sollen. Mein Traum war damals, die Welt zu verändern – oder sie zumindest auf den Kopf zu stellen. Nachdem ich das Buch *Rede an den kleinen Mann* von Wilhelm Reich gelesen hatte, schrieb ich meine erste Erkenntnistheorie und nannte sie »Das universelle Denken auf den Gehwegen«. Ja, das war tatsächlich so, und es ist mir heute sehr peinlich, es zu erwähnen. So sah meine Jugend aus.

Hier in Deutschland wurden mir schon viele Spitznamen gegeben, beispielsweise »Nicht-Bio« oder »Kanacke«. Manchmal bezeichne ich mich sogar selbst so. Und seit ich die deutsche Sprache kenne, träume ich auch nicht mehr davon, die Welt zu verändern. Ich habe hier nur noch ein Ziel im Leben: Ich will diese Sprache erneuern und dabei meine linguistischen Traumata bewältigen. Doch ich sage Ihnen, die Welt auf den Kopf zu stellen ist leichter, als die deutsche Sprache zu reformieren. Das habe ich schnell gemerkt.

Der Wunsch in mir wurde im Laufe der Jahre immer stärker. Die zündende Idee hatte ich im Café Refugio in Berlin. Dort treffen sich Deutsche und Zuwanderer, es gibt sprachlichen Austausch, man redet miteinander, und die Lernenden können so ihr Deutsch anwenden. Ich stellte fest, dass ihre Probleme mit der deutschen Sprache die gleichen wie die meinen waren, als ich hier ankam. Diese armen Menschen wussten nicht, dass viele dieser Probleme nun für immer und ewig ihre Begleiter bleiben würden. Es hat sich sprachlich und grammatikalisch in den vergangenen zwanzig Jahren nichts verändert in Deutschland. Das heißt, nicht nur die üblichen Probleme, wie die mit der Zärtlichkeit der Beamten in den Behörden, dem moralischen Umgang der Parteien mit allen wichtigen Themen des Lebens, der Klarheit der Paragrafen und den freundlichen Gesichtern der Menschen hier im dauerhaft sonnigen und wolkenlosen Winter, sondern auch die mit den unendlich entzückenden Fällen der deutschen Sprache werden die Lernenden nie wieder los.

Zuhause holte ich also die Bücher aus dem Regal, mit denen ich früher selbst Deutsch gelernt hatte, und ich begann, nach den sprachlichen Wendungen zu suchen, die mich am Anfang sehr gekränkt hatten. Ich begann, alles noch einmal zu wiederholen, noch einmal zu lernen und zu üben. Ich saß da und suchte nach Möglichkeiten, die vielen Schwierigkeiten, mit denen sich Lernende dieser Sprache konfrontiert sehen, zu markieren und sie wenn möglich abzumildern oder zu beseitigen, sodass der Erwerb dieser Sprache irgendwie leichter für alle werden würde.

Es ist tatsächlich möglich, die Grammatik und die Wendungen zu erneuern und ein »Wohltemperiertes Deutsch« zu erfinden. Diese Sprache hat viele trockene und störende Erscheinungsweisen, etwa im Bereich der Präpositionen und der Deklination – beinah so trocken und störend wie einige Gesichter der inländischen Politiker. Doch es existieren ebenfalls lebendige Elemente, beispielsweise im Satzbau des Hauptsatzes. Ich denke, es ist möglich, der deutschen Sprache noch mehr kunstvolle Formen zu geben und sie gleichzeitig zu verfeinern und zu vereinfachen. Sie kann zu einer Sprache werden, in der man weder brennt noch friert, einer Sprache, in der man in allen Jahreszeiten angenehm schwimmen und baden kann.

Für Menschen über zwanzig ist das Erlernen der deutschen Sprache in ihrer gegenwärtigen Form fast nicht zu bewältigen, es ist eine ungeheure Aufgabe. Es ist eine Vielfalt des Entsetzens, die dieser Sprache innewohnt, sie hat schon so oft dazu geführt, dass Lernende deren Erwerb schon bald aufgaben. Sie scheint ein Ozean ohne Boden zu sein, ohne Hafen und ohne Strände. Ein tobender Ozean, in dem zu schwimmen unmöglich ist, selbst wenn man das Schwimmen doch eigentlich schon draufhat und nicht ganz dumm ist.

Ich kämpfte so sehr. Ich fing so oft an. Ich gab so oft auf. Aber ich wollte es unbedingt. Ich wollte Deutsch lernen. Immer wieder kehrte ich zurück zu den Lehrbüchern, immer wieder bauten sich dieselben Kreaturen vor mir auf und verhinderten jeden weiteren Schritt nach vorne. Es war ein jahrzehntelanger Kampf, den ich spät und auch nur zum Teil für mich entschied. Sollen auch andere Menschen sich so etwas antun müssen?

Die Traumata der Nomina in der deutschen Deklinationsanstalt

Genus und Kasus

Zu Beginn meines Studiums gab es in Deutschland wunderschöne Studienabschlüsse: Magister und Diplom. Man studierte, genoss das Studentenleben ohne allzu viel Anwesenheitspflicht und sammelte Studienscheine. Man durfte so lange studieren, wie man wollte. Man konnte selbstverständlich in der Studienzeit auch politisch und kulturell aktiv werden. Auch hatte man genügend Zeit, nebenbei zu jobben. Meine Studienzeit gehört tatsächlich zu den schönsten Jahren meines Lebens. Sie dauerte aber nicht lange an. Ein paar Typen waren auf die Idee gekommen, das Studium in eine Bolognese-Soße zu verwandeln. Der Bologna-Prozess. Danach war es mit der Kultur und der Politik, dem Studentenleben und der schönen Zeit vorbei. Sie schafften den Magister ab und ersetzten ihn durch Bachelor und Master, und die Studienscheine heißen nun »Creditpoints«. Sogar im Duden wurde er eingeführt und als Maskulinum akzeptiert.

DER CREDITPOINT

	Singular	Plural
Nominativ	der Creditpoint	die Creditpoints
Genitiv	des Creditpoints	der Creditpoints
Akkusativ	den Creditpoint	die Creditpoints
Dativ	dem Creditpoint	den Creditpoints

Der arme Sprachwissenschaftler, der dazu gezwungen wurde, dieses neue Maskulinum einzutragen! Sie verschulten die Universität und machten die Seminarräume mit den Anwesenheitslisten zu den langweiligsten Orten der Bundesrepublik. Studieren und nebenbei jobben oder politisch und kulturell aktiv werden ist seitdem viel schwieriger geworden. Normalerweise bekomme ich Gänsehaut, wenn ich Rechtsradikalen dabei zuhöre, wie sie von den »urdeutschen« Werten und Taten reden, aber im Bereich der Magister-Nostalgie, da bin ich selbst urdeutsch. Statt des Bachelor-Master-Systems fordere ich eine Rückkehr zu Diplom und Magister. Nur durch eine solche Rückkehr hätten die Studentinnen und Studenten genügend Zeit für eine intensive Beschäftigung mit Politik und Kultur und könnten dadurch herausfinden, wie man sie im Namen der Creditpoints oder falscher Werte verarscht.

Genauso sinnlos und bekloppt wie manche politische Entscheidung ist die unbegreifliche Entschlossenheit der deutschen Linguisten und Politiker, den Artikel und die Deklination in der deutschen Sprache für immer zu behalten.

Die deutsche Sprache hat wie fast alle Sprachen das Genus. Dies gibt an, ob etwas maskulin = männlich, feminin = weiblich oder neutral = sächlich ist. Es ist relativ normal, dass eine Sprache so etwas bietet. Es ermöglicht, die vielen Dinge dieser Welt zu unterscheiden. Schließlich ist jede Sprache ein Spiegelbild unseres Lebens. Aber im Deutschen sind diese Kategorien sehr kompliziert. An dem Nomen erkennen wir nicht, ob es männlich, weiblich oder sächlich ist. Einfach so, ohne Argument. Am besten ist es deshalb, die deutschen Nomen immer mit den Artikeln auswendig zu lernen.

Das heißt: Ein Lernender weiß nicht, ob ein Tisch oder ein Mädchen weiblich, sächlich oder männlich sind, er kann es sich nicht logisch aus seinem eigenen Leben erschließen, sondern nur aus Regeln: zum Beispiel aus der Regel, dass alle Substantive Neutren sind, die mit einer speziellen Endung wie -chen, -lein, -tum oder -um auftauchen.

Das Mäd<u>chen</u> und das Fräul<u>ein</u> sind das Eigen<u>tum</u>
des Neutr<u>um</u>s.

All die Genus-Bestimmungen kann man in vielen Lehrwerken nachlesen. Aber Vorsicht: Hier gibt es natürlich auch wieder jede Menge Ausnahmen. IRR<u>tum</u> und REICH<u>tum</u> sind zum Beispiel Maskulina, obwohl sie mit -TUM enden. Wenn

Sie sich trotzdem weiter damit beschäftigen wollen, besorgen Sie sich bitte eine Packung Aspirin oder Paracetamol.

Als Anfänger versucht man aber natürlich, erst einmal logisch an die Dinge heranzugehen: Ein Mädchen ist weiblich: die Mädchen. Oder ein Tisch: Es ist kein Mensch und kein Tier. Etwas Sächliches vielleicht: das Tisch. Das wäre logisch, überlegt sich der Lernende. Aber der deutsche Artikel hat seine eigene spezielle Logik.

Ein Deutscher weiß ganz genau, dass Frauen wie Anna Seghers, Marilyn Monroe oder Simone de Beauvoir zwar feminin sind, grammatikalisch aber etwas Sächliches werden können, wenn man sie nicht als »Frau«, sondern als »Weib«, »Fräulein« oder »Mädchen« ansieht und anspricht. Der Rest der Menschheit muss diese erleuchtende Erkenntnis aber mühsam begreifen lernen und damit zurechtkommen, dass Marilyn Monroe grammatikalisch gesehen nicht feminin sein könnte. Das sächliche Marilyn Monroe. Eine enorme Belastung für alle Gehirnzellen. Es ist sagenhaft und skurril zugleich, wie das Deutsche funktioniert. Mädchen sind darin sächliche Gestalten, aber eine Mannschaft wiederum ist zu hundert Prozent weiblich. Die Mannschaft. Wenn man das nicht begreift und den richtigen Artikel nicht kennt, bildet man fehlerhafte Hauptsätze und automatisch auch einen falschen, unverständlichen Relativ- oder Nebensatz.

Ein Nomen ist zunächst ein Fremder, und erst wenn man dessen Artikel kennt, wird es zu einem Freund. Das ist die einzige Regel. Aber wie viele Wörter gibt es in dieser Sprache?

Hunderttausende. Und wer will mit unzähligen Nomina befreundet sein? Warum sollte man überhaupt alle als Freunde gewinnen wollen? Das Leben besteht aus mehr als nur daraus, Nomen mit ihren Artikeln auswendig zu lernen.

Man sollte dringend etwas gegen die Autorität des Artikels unternehmen. Wenn man daran festhalten will, dass die Zeit der autoritären Regime seit dem Mauerfall vorbei ist, dann sollte auch in der deutschen Sprache die Zeit reif dafür sein, diesen grammatikalisch-diktatorischen Albtraum, der zwischen dem Rest der Menschheit und den Deutschen steht, zu beseitigen. Dafür braucht es auch keinen Dritten Weltkrieg, keine russische oder amerikanische Hilfe.

Aber wie? Ich habe einen einfachen und praktischen Vorschlag: Man führt einen Universal-Artikel für die ganze Sprache ein. Die Lernenden müssen dann den Artikel nicht mehr auswendig lernen. Man macht sich dadurch alles leichter. Also – für männlich, weiblich und sächlich wird es nur einen bestimmten Artikel und einen unbestimmten Artikel geben.

Bestimmter Artikel: DE
Unbestimmter Artikel: E
Plural: DIE

Wenn die Ausländer in Deutschland von meinem Vorschlag erfahren, vermute ich, werden alle auf die Straßen gehen, tagelang tanzen, feiern und jubeln. Bestimmt lassen einige ihrem Hass auf die Artikel freien Lauf und brüllen: »Wir sind de Volk!« Ich stelle es mir ebenfalls sehr lustig vor, die verblüfften Gesichter der Urbewohner anzuschauen, wie sie diese jubelnden Menschen betrachten, den Kopf schütteln und glauben, alle Ausländer und Migranten seien verrückt geworden.

DE und E. Sind sie nicht wunderschön?

Beide können als Orientierung für Lehrende und Lernende im Akkusativ durch einen Apostroph gekennzeichnet werden: DE' und E'. (Wie zur Veranschaulichung in den hier folgenden Tabellen und Beispielen dieses Kapitels.) Mündlich kann man im Akkusativ einfach den letzten Buchstaben stark betonen und in einem dominierenden höheren Ton in die Länge ziehen, wie die Araber es tun, wenn sie etwas Wichtiges hervorheben wollen: Männer.rrr. Im Nominativ soll die letzte Silbe jedoch sanft im Flüsterton ausgesprochen werden, wie die Franzosen es machen, wenn sie mit jemandem liebäugeln: die Frau.en. Die Einführung des französischen Nominativs und des arabischen Akkusativs kann in der gesprochenen Sprache sehr hilfreich sein.

Die Frau.en rufen die' Männer.rrr.
Die Männ.er rufen die' Frauen.nnn.

Bezüglich Dativ und Genitiv hingegen soll überhaupt gar nichts mehr unternommen werden, sonst funktioniert es mit dem neuen Artikel nicht. Dativ und Genitiv sollen in ihrer jetzigen Form einfach abgeschafft und neu strukturiert werden. Den Dativ nenne ich in diesem NEUEN Deutsch »Akkusativ II«, er wird genauso behandelt wie der Akkusativ, aber ohne Apostroph, dadurch kann man ihn sofort vom »Akkusativ I« unterscheiden. Es wird niemals zu Schwierigkeiten kommen, das versichere ich Ihnen. Der Genitiv ist der reinste Schwachsinn. Es ist vorteilhaft, ihn aufzugeben, wie die Bayern es bereits tun. Auch wenn die Gehirnzellen mancher bayerischen Politiker noch aus dem Mittelalter zu stammen scheinen, sind die Bayern im Bereich des Genitivs erstaunlicherweise sehr fortschrittlich. Genitiv ist für sie nur die Verknüpfung der Präposition VON mit einem Nomen:

des Buach von dem Mo

Das finde ich gut. Man erkennt die Wendung auch im Neudeutschen also daran, dass vor dem Artikel immer die Präposition VON steht.

Deutsch	*Neudeutsch*
das Buch des Mannes	de Buch von de Mann
ein Buch eines Mannes	e Buch von e Mann

Alle anderen Artikel schaffen wir ab. Eigentlich ist es fast wie im Englischen. Bestimmter Artikel: *the*. Unbestimmter Artikel: *a*. Im Deutschen sollen es DE und E werden. Im Plural gibt es dann nur noch den Artikel DIE. Auch Adjektive und andere Wortarten, die zwischen einem Artikel und einem Nomen stehen, ändern ihre Form in diesem Fall nicht.

Auf diese Weise spart man sich viel Zeit und Nerven und macht die deutsche Sprache lernbar und für alle Menschen zugänglich, die hierherkommen. Der Schwierigkeitsgrad der deutschen Sprache kann so deutlich reduziert werden, was dringend nötig ist, damit die Integration funktioniert.

Es folgt eine Gegenüberstellung, die uns zeigt, wie ein Nomen mit dem alten und dem neuen Artikel aussieht. Hierbei wird man verstehen, warum meine Variante geradezu zwingend ist.

SINGULAR

Deutsch	*Neudeutsch*
Nominativ	
die/eine Frau	de/e Frau
das/ein Kind	de/e Kind
der/ein Mann	de/e Mann
Genitiv	*Von-Form*
der/einer Frau	von de/von e Frau
des/eines Kindes	von de/von e Kind
des/eines Mannes	von de/von e Mann
Akkusativ	
die/eine Frau	de'/e' Frau
das/ein Kind	de'/e' Kind
den/einen Mann	de'/e' Mann
Dativ	*Akkusativ II*
der/einer Frau	de/e Frau
dem/einem Kind	de/e Kind
dem/einem Mann	de/e Mann

PLURAL

Deutsch		Neudeutsch	
Nominativ	die Kinder	Nominativ	die Kinder
Genitiv	der Kinder	Von-Form	von die Kinder
Akkusativ	die Kinder	Akkusativ	die' Kinder
Dativ	den Kindern	Akkusativ II	die Kinder

Deutsch

Ein Flüchtling redet in der Botschaft mit einem Mitarbeiter und einer Mitarbeiterin über das Visum. Die Mitarbeiter antworten: Ein Flüchtling bekommt nirgendwo ein Visum, er soll illegal in das Land einreisen.

Neudeutsch

E Flüchtling redet in de Botschaft mit e Mitarbeiter und e Mitarbeiterin über de' Visum. Die Mitarbeiter antworten: E Flüchtling bekommt nirgendwo e' Visum, er soll illegal in de' Land einreisen.

Braucht man hier wirklich die vielen flektierten Artikel? Nein. Alles ist geregelt. Das Kastensystem der Beugung ist tatsächlich überflüssig. Den Nominativ erkennen wir sofort, er ist die leichteste Form in jedem Satz. Verben und Präposition zeigen uns den Akkusativ I und II an. Mehr müssen wir nicht wissen.

Wir können auf die Deklination des Artikels für immer und ewig verzichten.

Vielleicht zweifeln einige daran und fragen sich, was man macht, wenn vor einem bestimmten Artikel eine Präposition steht. Wie soll das funktionieren? Das ist wirklich leicht zu beantworten. Sie werden im Deutschen oft beide zu einem Wort zusammengezogen. Dies trifft etwa auf folgende Präpositionen mit Artikeln zu: IM, ZUM, BEIM, AM und VOM. Im Neudeutschen dagegen sind Präpositionen in ihrer Form unveränderlich. Alle diese Wörter sollen ihre Form behalten, und der Artikel und die gesamte Welt dahinter werden, wie gesagt, nicht dekliniert.

Deutsch	Neudeutsch
An: an dem = am	An: an de = an de
Ich warte am Kino.	Ich warte an de Kino.

Man kann vieles vereinfachen, die Nomen kann man jetzt ohne Genus lernen und trotzdem leicht einen Relativsatz und Nebensatz bilden, ohne Fehler zu machen, denn alle haben nur einen Artikel.

Mit dem neuen Artikel kann man nun alles neu strukturieren. So wie Gott beziehungsweise die Natur uns und die Welt erschaffen hat, können wir die Dinge auch bezeichnen. Eine Rückkehr zur Natur. Die neutralen Dinge sind sächlich, wie das Tür, das Wand, das Küche, feminine Wesen weiblich, wie die Weib, die Mädchen, die Fräulein, und maskuline eben männlich. Man kann sich vorstellen, wie herrlich es sein könnte, wenn ein Nadim aus Beirut, eine Amelia aus London oder ein E. T. aus dem All hierherkämen und ein Nomen lernten und es sofort benutzen könnten, ohne an dessen Artikel zu denken.

Für alle Nomina gilt: bestimmter Artikel: de; unbestimmter Artikel: e; Plural: die.

Mündlich kann man den letzten Buchstaben des Nominativs im Flüsterton aussprechen, die letzte Silbe des Akkusativs stark in die Länge ziehen.

Dativ und Genitiv existieren nicht mehr. Sie werden ersetzt durch Akkusativ II und Von-Form.

Das Genus folgt den Gesetzen der Natur oder der freien Entscheidung eines jeden.

Deklination

Die Deklination ist wirklich das Schlimmste, was die Deutschen neben dem Artikel und dem Sturmgewehr erfunden haben.

Ein Nomen wird einfach geballert, gebeugt, geknetet und geboxt. DER, DEN, DEM, DES, EIN, EINEN, EINEM und EINES mitsamt allen nominalen Wortarten der deutschen Sprache brauchen einen Seelenklempner, weil sie unter der Herrschaft der Deklination leiden.

Lateinisch *declinare* heißt »beugen«. In der Grammatik der deutschen Sprache stellt die Deklination die Regeln dar, nach denen nominale Wortarten ihre Form verändern. Sie ist wie die Verhörbeamten in einer Diktatur: Man muss ihnen immer das sagen, was sie hören wollen, sonst wird es unangenehm. Alles andere ist falsch und man kassiert nur Ohrfeigen. Vor allem sind Substantive, Pronomen, Adjektive und Artikel von den Ohrfeigen der Deklination betroffen. Die Deklination geschieht zudem mithilfe von Endungen und Elektroschockgeräten, die an Nomina angehängt werden.

Diese erinnern mich an den »Block«. Der Block ist ein Mittel der Bestrafung. Er besteht aus Holz und hat mehrere Löcher, durch die die zu Bestrafenden ihre Hände, ihren Hals oder ihre Beine stecken müssen. Es gab dieses Ding im Altertum, aber auch noch in der Neuzeit, in Gefängnissen diktatorischer Staaten. Ich habe den Block persönlich im Irak kennengelernt, als ich achtzehn Monate im Knast verbrachte. Aber den Block gibt es auch unter Demokraten. Die Amerikaner zum Beispiel haben ihn zuletzt in Bagdad im Abu-Ghuraib-Gefängnis verwendet. Oder haben sie vielleicht doch fortschrittlichere, demokratisch gewählte Folterinstrumente benutzt?

Die Deklination ist wie dieser Block. Die Verurteilten sind alle Lernenden, sie werden bestraft, aber nicht nur für eine bestimmte Zeitspanne, sondern lebenslänglich. Es gibt sogar Deklinationstypen. Je nach Art der Formveränderung in den einzelnen Fällen unterscheidet der Deklinations-Verhörbeamte in der Deklinationsanstalt »starke«, »schwache« und »gemischte« Deklinations-Foltermethoden. Bei den armen Maskulina kommen alle drei Deklinationsarten vor. Entweder werden sie »schwach« mit einem Offiziersstöckchen, »stark« mit einem Elektroschockgerät oder »gemischt« mit allen beiden vermöbelt.

Hier ist ein Beispiel, was die starke Deklinations-Foltermethode mit einem armen Baum anrichten kann.

	Singular	Plural
Nominativ	der Baum	die Bäume
Genitiv	des Baum(e)s	der Bäume
Akkusativ	den Baum	die Bäume
Dativ	dem Baum(e)	den Bäumen

Diese Deklination ist keine grammatische Notwendigkeit, sondern eine Krankheit, das ist Sadismus. Der Rest der deutschen Sprache soll noch dazu masochistisch sein und alles genießen, was die Deklination anrichtet.

Es gibt keine andere Wahl, man muss sie aus der Sprache entfernen. Sie ist die sinnloseste Schandtat der linguistischen Geschichte überhaupt. Irgendwelche Beugungen sollen auf irgendeine Art in ein Nomen, Adjektiv, Personalpronomen und in viele andere Wortformen der Sprache integriert werden. Wieso macht man das? Es ist, als ob man einer Taube unbedingt das Bellen beibringen wollte. Die deutsche Sprache mit Deklination ist kein offener Horizont, verlangt jedoch von allen anderen, sie wie einen freien Himmel zu erobern und in ihr zu flattern. Aber mit der Deklination fliegt und flattert es sich nicht, man versinkt in unendlichen Albträumen, in der Unterwelt der Sinnlosigkeit. Die deutsche Sprache mit Deklination ist wie ein Verschwörungstheoretiker, der glaubt, dass alle anderen Verschwörungstheoretiker seien.

Die Deklination soll abgeschafft werden. Das ist die einzige Möglichkeit, die deutsche Sprache wieder zu den Lebenden emporzuheben und die Lernenden von ihrer Qual zu befreien. Der Artikel darf nicht dekliniert werden, genauso wenig ein Adjektiv, ein Pronomen oder sonst etwas. Keiner soll sich mehr beugen müssen, weil man sonst unfähig ist, nach oben zu schauen. Kein Lernender der Welt verdient es, lebenslänglich in einen Block gesteckt zu werden. Nichts auf diesem Planeten verdient es, dekliniert zu werden.

Nun wieder der arme Baum, aber diesmal ungefoltert:

	Singular	Plural
Nominativ	de Baum	die Bäume
Von-Form	von de Baum	von die Bäume
Akkusativ	de' Baum	die Bäume
Akkusativ II	de Baum	die Bäume

Deutsch

Im Buch *Der Dativ ist dem Genitiv sein Tod* spricht der Autor mit den Ur- und Neubewohnern über den Artikel, über die, der, das, und über Nutella, darüber, ob das Produkt weiblich oder sächlich ist, und die Migranten und Ausländer lachen sich tot.

Neudeutsch

In de Buch *De Dativ ist de Genitiv sein Tod* spricht de Autor mit die Ur- und Neubewohner über de' Artikel, über de', de', de', und über Nutella, darüber, ob de Produkt weiblich oder sächlich ist, und die Migranten und Ausländer lachen sich tot.

Keine Deklination mehr, alle Formen der Artikel und Nomina sind unveränderbar.

Das Taiwanesische im deutschen Satzbau

Im Ausland haben die deutschen Baufirmen einen guten Ruf, auch die deutschen elektronischen Geräte. Alles aus Deutschland ist stabil gebaut und hält lange, denkt man zum Beispiel im Irak, aber auch in anderen arabischen Ländern. Es existiert sogar ein Ausdruck, der als sexistisch einzustufen ist: »die deutsche Maschine«. Man verwendet ihn, wenn eine ältere Frau sehr gut aussieht. »Sie ist eine echte deutsche Maschine.« Das bedeutet, sie ist verdammt sexy und hat sich gut gehalten. Im Gegensatz dazu gibt es auch eine andere Wendung: »taiwanesisches Gerät«. Das sagt man, wenn Dinge nicht gut funktionieren und schnell kaputtgehen, wie eben billige taiwanesische Geräte. »Er ist sehr sensibel, wie ein taiwanesisches Gerät.« Das bedeutet, er ist schnell gekränkt oder schlechtgelaunt. »Die Ehe wird taiwanesisch.« Das heißt, die Ehe funktioniert nicht mehr.

In Deutschland selbst findet sich beides wieder: die deutsche Maschine und das taiwanesische Gerät. Deutschland hat zum Beispiel eine reiche und vielfältige Architekturgeschichte. Es gab zahlreiche Baumeister und Architekten. Auch in der Gegenwart entstehen noch immer wunderbare Bauwerke. Nur nicht in Berlin, wo man auf Außerirdische wartet, die vielleicht das chronische Wohnraumchaos der Metropole in den Griff bekommen oder den Flughafen fertigstellen. Der deutsche Satzbau ist wie die Bauwerke dieses Landes gestaltet. Der Hauptsatz ist klischeehaft perfekt, aber der Nebensatz ist berlinerisch und taiwanesisch zugleich.

Für Menschen, die anfangen Deutsch zu lernen, ist der deutsche Hauptsatz zunächst das Labyrinth einer unstrukturierten Welt. Aber wenn man diese Sprache weiterverfolgt, entdeckt man als Fortgeschrittener ganz bald, dass der deutsche Satzbau einer der feinsten der Welt ist. Im Hauptsatz ist er im Vergleich zu dem vieler anderer Sprachen tatsächlich sehr flexibel. Das Verb ist an seinem richtigen Platz: in der zweiten Position. Das Subjekt steht am Anfang. Andere Satzglieder wie Orts- oder Zeitangaben können aber auch am Anfang oder nach dem Verb stehen. Alles ist klar und deutlich und überhaupt nicht dramatisch. Hier ein Beispiel der wunderbaren Möglichkeiten, die der deutsche Hauptsatz bietet:

Ali Baba liebt seit Jahren den deutschen Hauptsatz.
Seit Jahren liebt Ali Baba den deutschen Hauptsatz.
Den deutschen Hauptsatz liebt Ali Baba seit Jahren.
Ali Baba liebt den deutschen Hauptsatz seit Jahren.

Es ist immer der gleiche Satz mit dem gleichen Inhalt und den gleichen Wörtern. Wie wunderschön! Für Prosa und Poesie sind diese Möglichkeiten ein großes Geschenk. Diese Flexibilität ist die Schatzkammer der deutschen Sprache.

Doch wie sieht es mit den Nebensätzen aus? Der Satzbau eines Nebensatzes im Deutschen ist einer der schrecklichsten Auswüchse aller Sprachen weltweit. Er ist grundlos kompliziert, denn man darf das Verb nur ans Ende des Satzes stellen, etwa in den Relativ-, Adverbial- oder Attributsätzen. Wieso denn ans Ende? Warum darf das Verb nicht in der zweiten Position stehen wie im Hauptsatz? Eine Begründung gibt es nicht. Befehl. Deutsch eben. Und Nebensätze eben.

Ali Baba bildet nur Hauptsätze, <u>weil</u> er den Nebensatz nicht leiden <u>kann</u>.

Ein Spatz, zum Beispiel, hat zwei Flügel. Er fliegt. Der Spatz (Täter) und das Fliegen (Tat) stehen nebeneinander und gehören zueinander. Warum sollen Zeit- und Ortsangabe, die Geschwindigkeit des Windes, die Zahl der Federn, die Farbe des Himmels und viele andere Dinge plötzlich in diesem einfachen Satz mit dem Spatz und dem Fliegen zwischen dem Täter und der Tat stehen, wenn es ein Nebensatz ist? Sie könnten in einem anderen Satz oder nach dem Verb aufgeführt werden. Warum ausgerechnet zwischen Subjekt und Verb? Im Deutschen wartet man im Nebensatz endlos auf das Verb, man wird ungeduldig, kraftlos, ist total gelangweilt, und dann erst taucht es auf. Dabei geht es aber nur um: Der Spatz fliegt.

Der deutsche Nebensatz erinnert mich oft an zwei Behörden, mit denen ich viel Zeit in meinem Leben verbringen musste. An eine irakische und an eine deutsche Behörde. Sie standen jahrelang zwischen meinem Studium und mir. Sie haben immer wieder verhindert, dass ich (der Student) meine Tätigkeit (studieren) normal ausüben durfte.

Als ich in Bagdad mein Abitur bestanden hatte, bekam ich die Zulassung zur Universität. Die Fächer Mathematik, Physik und Chemie hatten eigentlich die schlechtesten Noten in meinem Zeugnis, trotzdem musste ich das Fach Finanzwissenschaft studieren. Ich habe mir das nicht ausgesucht. Stattdessen wollte ich gern Literaturwissenschaft studieren und wäre sogar mit Lehramt zufrieden gewesen, aber das war eben nicht meine Entscheidung, denn den Abiturienten wurde vom Bildungsministerium einfach ein Platz zugewiesen. Ob man diesen wollte oder nicht, dafür interessierte man sich in dieser Behörde nicht. Von meinem Studium der Finanzwissenschaft habe ich nicht viel mitbekommen. Zwei Semester lang saß ich gelangweilt im Seminarraum und las heimlich Gedichtbände und Romane.

Dann wurde ich aus politischen Gründen exmatrikuliert, und mein Leben überschlug sich. Später im Ausland, etwa ein Jahrzehnt später, träumte ich noch immer von einem Literaturstudium. In Deutschland jedoch stand mir dann keine irakische, sondern erst mal eine deutsche Nebensatz-Behörde im Weg. Sie nennt sich: Zeugnisanerkennungsstelle für den Freistaat Bayern. Zuerst sagte man mir, mein irakisches Abitur werde nicht anerkannt. Mit diesem Problem haben nicht nur Iraker zu tun, sondern auch Menschen aus anderen Ländern. Irgendwann wurde es doch anerkannt, ich musste aber zuerst noch zum Studienkolleg, einem für Ausländer obligatorischen Vorbereitungskurs für das Studium, wobei in meinem Fall nur eine Richtung in Frage kam: Technik und Naturwissenschaft. Es seien einfach zu wenig geisteswissenschaftliche Fächer in meinem irakischen Zeugnis aufgeführt, hieß es.

»Das Studienkolleg besuche ich gern. Aber wieso sollte ich Informatik oder Mathematik studieren?«, fragte ich den Angestellten der Zeugnisanerkennungsstelle für den Freistaat Bayern. »Literatur, bitte!«

»Das geht nicht.«

»Darf ich dann vielleicht Philosophie, Kunstgeschichte oder Archäologie studieren?«

»Dann bringen Sie uns bitte ein Zeugnis mit geisteswissenschaftlichen Fächern!«

»Woher?«

»Keine Ahnung!«

Ich war unendlich traurig und versuchte, die ganze Angelegenheit zu vergessen und abzuhaken. Ich jobbte weiter und wartete auf mein Leben. Nach dem Sturz der irakischen Diktatur erzählte mir mein Bruder am Telefon, es gebe in Bagdad nun die Möglichkeit, die Abiturprüfung mit Richtung Geisteswissenschaft zu absolvieren, wenn man bereits ein anderes Abitur habe. Ein neues irakisches Gesetz, ein neuer Paragraf. Ich meldete mich sofort als Fernschüler an. In jener Zeit arbeitete ich für eine Reinigungsfirma in München und putzte frühmorgens die Büroräume einer Frauenzeitschrift, die *Freundin* heißt, und am Nachmittag putzte ich ein privates Krankenhaus, das fast immer leer war. Nebenbei lernte ich für die Prüfung. Nach einem Jahr bekam ich das zweite Abitur meines Lebens. Wieder tauchte ich in der Zeugnisanerkennungsstelle für den Freistaat Bayern auf, doch meine beiden Zeugnisse waren noch immer nicht ausreichend, um sofort mit dem Studium beginnen zu können. Ich sollte trotzdem zuerst das Studienkolleg besuchen. Davor aber musste ich auch noch eine Zentrale Mittelstufenprüfung (ZMP) im Goethe-Institut bestehen. Mit diesem Zeugnis weist man nach, dass man gute Kenntnisse der deutschen Standardsprache besitzt. Mit dem ZMP-Zeugnis konnte ich mich dann um einen Platz in einem Studienkolleg bewerben und musste dort wiederum erst noch einen schriftlichen Aufnahmetest bestehen, um eine Zulassung zu bekommen. Ich erledigte das alles und bewarb mich in Halle, Greifswald, München, Berlin und Potsdam. Nur in Potsdam und Halle hatte ich Erfolg bei diesem Aufnahmetest und entschied mich dann für Potsdam, weil diese Stadt in der Nähe von Berlin liegt. Halle nicht, Halle liegt einfach nur an der Saale.

In Potsdam also wurde ich endlich am Studienkolleg immatrikuliert. Ich lernte zwei Semester lang Sozialkunde, Deutsch, Literatur und andere Fächer und machte dann das dritte Abitur meines Lebens: ein deutsches Abitur dieses Mal, um endlich, endlich, endlich mit dem Studium anfangen zu dürfen. So kompliziert kann man das Leben von Menschen gestalten, wenn man sich zwischen sie und ihre Tätigkeiten stellt. Und genau das passiert alles auch im Nebensatz der Deutschen.

Es ist doch seltsam, wenn ein Täter seine Tat nicht durchführen darf, weil unendlich viele Nebentäter plötzlich dazwischenkommen und ihre Tat zuerst begehen wollen. Seine Tat darf er erst am Ende vollziehen, obwohl er der Haupttäter ist. Es ist, als ob man sich in seiner eigenen Wohnung nicht aufs Sofa legen dürfte, bevor nicht die Nachbarn, die Großmutter und die Bundespolizei es einem erlauben. Eine sehr absurde Vorstellung. Der Nebensatz im Deutschen funktioniert nur auf diese kuriose Art. Welcher Sinn steckt hinter dieser Entfernung zwischen Subjekt und Verb?

Also – ohne schlechtes Gewissen könnte doch das Verb in die zweite Position gestellt werden. Wieso nicht?

Man könnte zum Beispiel Subjunktionen wie DASS, WEIL oder DAMIT wie einen »Satzkleber«, wie die Konjunktionen UND, ABER, ODER und DOCH verwenden. So einfach ist das.

Deutsch

Ali Baba hat viel gelernt, <u>aber</u> er <u>hat</u> die Prüfung nicht <u>bestanden</u>, <u>weil</u> er den deutschen Nebensatz nicht <u>versteht</u>.

Es entstehen keine Nachteile, denke ich, wenn WEIL wie ABER verwendet wird. Man kann beides als »Satzkleber« gebrauchen, beides kann Klebstoff in der Sprache sein. Es ist

nur von Vorteil, wenn man die Möglichkeit hat, den Nebensatz wie einen Hauptsatz zu nutzen. Alle besonderen Eigenschaften des deutschen Hauptsatzes wären damit auch im
Nebensatz vorhanden, und das macht die Sprache reicher
und lebendiger. Es gibt keine Entfernung und keine Distanz
mehr zwischen den Tätern und ihren jeweiligen Taten.

Man kann in diesem Fall auch leicht zwischen Haupt- und
Nebensatz und allen Sätzen unterscheiden. Den Nebensatz
erkennt man sofort am »Satzkleber« wie WEIL oder DASS
oder ABER. Außerdem müssen Nebensätze im Deutschen
immer durch ein Komma vom Hauptsatz getrennt werden.
Das können wir ja alle weiter so machen.

Neudeutsch

Ali Baba <u>hat bestanden</u> nicht de Prüfung, <u>weil</u> er <u>versteht</u>
nicht de deutsch Nebensatz.

»Ali Baba hat bestanden nicht de Prüfung« ist ein Hauptsatz.

»... weil er versteht nicht de deutsch Nebensatz« ist ein
Nebensatz.

Ein Komma und der »Satzkleber« WEIL markieren den
Nebensatz.

Alle Nebensätze verhalten sich wie Hauptsätze. Man kann
sie auch bezeichnen, wie man will – es macht keinen Unterschied. Ich finde diese neue Variante des Nebensatzes logisch, und auch beim Lernen der deutschen Sprache wäre sie
sehr hilfreich. Die Sprache hat damit eine klare Struktur und

sieht nicht wie der Berliner oder Frankfurter Hauptbahnhof aus, wo man alles finden kann außer einer klaren und logischen Anordnung der Dinge. Man muss auch nicht warten, bis das Verb irgendwann auftaucht, um zu verstehen, worum es geht. Ein Verb ist doch kein Zug der Deutschen Bahn, kein ICE, dessen natürliche Bestimmung es ist, verspätet zu sein. Das Verb soll pünktlich kommen, damit wir unsere Ruhe bewahren. Ebenso sollen Hilfsverben mit ihren Verbformen in den Haupt- und Nebensätzen zusammengeführt werden und die zweite Position im Satz behalten. Das macht vieles leichter. Auch an der Universität ist das von Vorteil. Deutsche Seminarräume sind für viele Studierende riesige Schlafzimmer, sie warten das gesamte Studium über auf das Verb im Nebensatz. Es ist kein Wunder, dass an den deutschen Universitäten enorm viel Kaffee und Massen an Kopfschmerztabletten konsumiert werden. Auch viele Lernende in den Sprachschulen leiden darunter, immer daran zu denken, wann sie endlich das Verb im Nebensatz verwenden dürfen.

Das Gähnen ist das einzige Ergebnis des gegenwärtigen Nebensatzes. Jeder Dozent oder Politiker, der noch so hohle Inhalte vorzutragen hat, kann sie wichtig erscheinen lassen, indem er sie seinen Zuhörern mit unendlich vielen Nomina und Komposita an den Kopf wirft und am Ende sein armseliges Verb auf sie ausspuckt. So machen sich solche Leute mit den billigsten Tricks der Sprache wichtig.

Ich schlage also vor, im Nebensatz immer das Verb in die zweite Position zu stellen. So wie im Hauptsatz. Wenn ein »Satzkleber« wie DASS, ODER oder WEIL auftaucht, ist der immer in der Null-Position. Hier ist die übliche Regel für einen einfachen »Satzkleber«:

Hauptsatz			Hauptsatz/Nebensatz			
Subjekt	Verb	...	Satzkleber	Subjekt	Verb	...
I	II	III	0	I	II	III
Ali Baba	ist	fleißig,	denn	er	lernt	weiter Deutsch.

Also, man sagt nicht mehr:
> Ali Baba lernt weiter Deutsch, <u>weil</u> er den deutschen Satzbau <u>liebt</u>.

Man sagt jetzt:
> Ali Baba lernt weiter Deutsch, <u>weil</u> er <u>liebt</u> de deutsch Satzbau.

Eine Frage könnte jetzt natürlich auftauchen: Was macht man mit dem sogenannten »Infinitivsatz«? Im Deutschen gibt es da bestimmte Wendungen, mit denen wir üblicherweise einen Infinitivsatz einleiten.

> Ali Baba muss erst einmal lernen, den Nebensatz zu bilden.

Der Infinitivsatz ist eine der feinsten Arten der Satzbildung. In einem derartigen Satz kommen auch selten Bindewörter vor. Vielleicht könnte ein Dichter auf solche Ideen gekommen sein. Dieser Satz stellt kein Problem dar, erfahrungsgemäß ist er bei den Lernenden sogar sehr beliebt, denn seine Form ist leicht zu merken.

Er darf weiter existieren. Wenn jedoch ein »Satzkleber« auftaucht, soll der Satz natürlich nach den neuen Regeln funktionieren.

Also – jede Tat gehört zu einem Täter. Es ist normal, dass man seine Tat sofort durchführen will. Ein Spatz fliegt eben, wenn er fliegen will. Das ist die Natur der Dinge. Keiner hat das Recht, grundlos dazwischenzustehen. Jeder darf sofort das tun, was er tun will. Aber bitte tun Sie das nicht zwischen dem Spatzen und seinen Flügeln. Die Welt ist groß.

Die Form der Nebensätze mit »Satzklebern«, die ich vorgeschlagen habe, existiert bereits in der deutschen Sprache. Sie ist nicht meine Erfindung, ich benenne sie deshalb auch nicht nach mir, wie es Forscher oft tun, wenn sie etwas Neues entdecken. Also wenn man von dieser Konstruktion spricht, soll man nicht vom »Khider-Nebensatz« sprechen. Die Vorteile dieser Regel sind jedoch zahlreich. Das Verb erwirbt sich dadurch einen guten Ruf, es ist schnell und pünktlich an seinem Platz und unterscheidet sich enorm von einem ICE. Studenten warten nicht mehr das gesamte Studium über auf das Verb in einem Nebensatz, sondern konzentrieren sich auf den Inhalt. Lernende, die den Satzbau des Hauptsatzes bereits beherrschen, können sofort alle Formen der Nebensätze bilden. Das macht den deutschen Satzbau nicht nur zu dem flexibelsten, sondern auch zu dem sinnvollsten der Welt, der weder berlinerische noch taiwanesische Eigenschaften besitzt, der Spatz fliegt darin frei und glücklich wie Ali Baba.

> Ali Baba ist sehr glücklich, <u>weil</u> er <u>kann verzichten</u> jetzt auf de Verb an de Ende von de Nebensatz.

Das Verb steht immer nach dem Subjekt.

Das Verb darf niemals ans Ende eines Satzes gestellt werden. Der Infinitivsatz ist eine Ausnahme.

Subjunktionen und Konjunktionen sind »Satzkleber«.

Nach einem »Satzkleber« folgt erst das Subjekt und dann das Verb.

Ein Komma trennt die Nebensätze von den Hauptsätzen.

Die leidenden Materien in den Bundesländern

In Deutschland gibt es sechzehn Bundesländer und noch wesentlich mehr Regionen mit ihren diversen Dialekten. Deutschland kann von Landstrich zu Landstrich sehr unterschiedlich sein, sowohl was die Sprache als auch was den Charakter der Menschen betrifft. Ein Brötchen heißt in Hamburg RUNDSTÜCK, in Berlin aber SCHRIPPE, irgendwo anders SEMMEL. Es gibt noch viel mehr Bezeichnungen dafür. Frikadellen heißen BULETTEN, FLEISCHPFLANZERL, FLEISCHLEIBERL und so weiter.

Berliner sind für ihre freie Schnauze und ihren trockenen Humor bekannt. Wenn Sie in Berlin ein Bier bestellen und höflich fragen: »Könnte ich ein Bier bekommen?«, dann sagt der Berliner Wirt: »Möglich wär das, aber dafür müssten Sie es bestellen!« Pfälzer hingegen sind die Lockersten unter den Deutschen, ziemlich ausgelassen und liebenswürdig. Mit ihnen Alkohol zu trinken und über schlüpfrige Kommentare zu lachen ist Pflicht. Sonst ist man dort nicht willkommen. Tiefgläubige, verkrampfte Muslime, die keinen Alkohol trinken dürfen, und Feministinnen, die mit dem pfälzischen Humor nichts anfangen können, haben dort schlechte Karten.

Alle Regionen haben ihre eigenen Gesetze und ihre eigene Logik, die man durchschauen muss, um unangenehme Situationen zu vermeiden. In Bayern zum Beispiel raucht man in einer Shisha-Bar selbstverständlich Shisha. Aber wer sich eine Zigarette in derselben Bar anzündet, macht sich strafbar. Die Begründung: Shishatabak in einer Shisha-Bar ist erlaubt, Zigarettentabak nicht. Schließlich heißt der Laden »Shisha-Bar« und nicht »Zigaretten-Bar«. So ist sie eben, die bayerische Logik. Im Ruhrgebiet hingegen hat man das Gefühl, dass überhaupt keine Gesetze existieren. In anderen Bundesländern wiederum spielt die Hautfarbe eine große Rolle, wie zum Beispiel in einem der sechs Bundesländer mit Bindestrich: Mecklenburg-Vorpommern. Menschen mit südländischem Aussehen, egal, ob aus Italien, Griechenland, Spanien, Lateinamerika, Afrika, den arabischen Ländern oder Deutschland, haben dort vielerorts nichts zu lachen. Wenn es dunkel wird, bleiben sie besser zuhause. Sonst sind die Glatzen sofort zur Stelle. Das sind richtig mutige Menschen, die ihre Häuser und Straßen nur vor gefährlichen, aggressiven Männern schützen wollen. Man nennt sie unter den Bewohnern »die Bürgerwehr«. Sie sind keine Miliz oder Ähnliches. Sie helfen nur der regionalen Polizei und den Behörden bei der Suche nach verdächtigen Menschen. Wenn ein Fremder, auch wenn er ein Schwabe ist, diese Bürgerwehr nicht ernst nimmt, könnte das sehr unangenehm werden.

Die deutschen Bundesländer sind ein Mosaik aus vielen Farben und Arten von Steinen. Genauso vielfältig und unterschiedlich wie die Bundesländer sind auch die deutschen Pronomen. Mit einigen Pronomen kann man umgehen, anderen muss und will man lieber aus dem Weg gehen.

Pronomen sind verschiedene Arten von Wörtern, die an die Stelle eines Nomens treten können. Das Nomen als Überbegriff ist wie die Bundesebene, die Pronomen sind die Bundesländer. Man nennt sie »die Fürwörter«, die Stellvertreter, die im Namen eines Nomens handeln. Es ist irritierend, die Funktion der Pronomen genau zu betrachten. Wieso braucht man irgendeinen Stellvertreter, wenn es leichter wäre, sich selbst zu äußern? Keine Ahnung. Es gibt sehr viele Stellvertreter – fast ein ganzes Volk mit verschiedenen Gruppen existiert in der deutschen Sprache.

Es gibt Personal-, Reflexiv-, Possessiv-, Relativ-, Demonstrativ-, Interrogativ- und Indefinitpronomen.

Es existieren sogar noch weit mehr, die wiederum den Genannten untergeordnet sind. Manchmal hat man das Gefühl, diese Pronomen würden ihre zu vertretenden Nomina herunterschlucken, beseitigen und in den Schatten stellen. Aber ohne Nomen kann ein Pronomen nicht existieren, es kann nicht selbstständig oder unabhängig werden. Eine Erlaubnis benötigt ein Pronomen immer, ohne Erlaubnis des Nomens hat es keinen echten Platz unter den Wortarten. Es ist dann nur noch störend und macht sich auch noch lächerlich, weil keiner versteht, zu wem es gehört. Das ist auch gut so, finde ich. Man stelle sich vor, dass sich das Bundesland Berlin für eine Obergrenze hinsichtlich bayerischer und sächsischer Politiker im Bundestag entscheiden würde. Das ist ja unmöglich, und es wäre ein Skandal, auch wenn es aus mancher Perspektive sinnvoll erscheinen mag. Ohne den Bund wäre alles chaotisch. Und ohne Nomen machen die Pronomen nur viel Lärm.

Ich glaube, man muss sehr vorsichtig sein, um an den Pronomen zu arbeiten. Sie sind unberechenbar. Ich werde mich nicht jeder Gruppe einzeln widmen, das ist nicht machbar. Es wäre, als würde ich alle Eigenschaften und Besonderheiten der Menschen in den Bundesländern in einem Kapitel zusammenfassen und ihnen noch dazu Tipps geben, wie sie sich verbessern sollten. Wer bin ich? Das ist unfair und unmöglich. Um alle Pronomen zu verbessern, benötigt man ein Jahrzehnt. Außerdem sind die Pronomen ein sehr langweiliges und trockenes Feld. Tabellen ohne Ende benötigt man dafür. Wer kann das aushalten? Ich nicht. Lieber kümmere ich mich nur um die mächtigsten Pronomen und diejenigen, die oft vorkommen. Ein arabisches Sprichwort besagt: Schlägst du den Großen, fürchtet dich der Kleine. Also, ich beginne mit den Mächtigsten aller Mächtigen, gewissermaßen mit den Preußen unter den Pronomen, den Personalpronomen.

Personalpronomen

Singular: ICH, DU, ER, SIE, ES
Plural: WIR, IHR, SIE

Diese persönlichen Fürwörter sind – abgesehen von SIE im Singular und Plural – alle leicht erlernbar. Im Nominativ und Akkusativ kann sie sich jeder Lernende merken und einfach zwischen ihnen unterscheiden. Trotzdem empfehle ich eine Änderung, die phonetisch notwendig ist, eine Änderung, die sprachlich, gesellschaftlich und kulturell viel ausmacht. Es geht um die zwei Fürwörter: ICH und DU.

Dass ICH/MICH und DICH häufig in einem einzigen deutschen Satz in Kombinationen mit SCH und CH vorkommen, ist meiner Meinung nach unpassend. Es ist wirklich nicht schön, glauben Sie mir. Mit ihnen klingt die deutsche Sprache für viele Lernende und Fremde äußerst seltsam. Die Vokabeln erinnern an die Störgeräusche eines Radios, wenn der Sender nicht richtig eingestellt ist: MICH, DICH, MILCH, BUSCH, HUSCH, KUSCH, SCHICHT, SCHLECHT, SCHWEIN-CHEN und so weiter.

Betrachten wir diesen zugegebenermaßen etwas lyrischen Satz:

Ich streichle dich, du streichelst mich, durch verschiedene Schichten an Kleidung, damit du dich, damit ich mich, damit wir uns besser fühlen.

Es sind nur wenige Wörter, darunter finden sich aber mehrere CH- und SCH-Laute. Diese dominieren und verkomplizieren die Aussprache. Deswegen denke ich, dass die bayerischen Formen von ICH und DU die beste Lösung sind, um gegen die störenden CH-SCH-Geräusche der deutschen Sprache vorzugehen.

	1. Person	2. Person
Nominativ	i	du
Von-Form	von mi	von di
Akkusativ	mi	di
Akkusativ II	mi	di

Zwei Fliegen mit einer Klappe geschlagen, und dabei wird sogar ein Teil der Preußen in Bayern verwandelt.

I streichle di, du streichelst mi, durch verschiedene
Schichten an Kleidung, damit du di, damit i mi, damit
wir uns fühlen besser.

Dann haben wir schon etwas weniger CH-Laute. Ist nicht besser? Ich finde schon. Vermutlich bekommt die deutsche Sprache dadurch eine neue Melodie und wird so musikalisch wie Spanisch. »I liebe di« klingt viel schöner und sanfter als »Ich liebe dich«.

Vielleicht bewegt sich dadurch eine schöpferische musikalische Welle durch das Land. Deutsche Lieder haben in der Geschichte selten die Sprachgrenze überschritten. Vielleicht spielen diese CH-SCH-Geräusche eine große Rolle dabei, natürlich mitsamt der deklinierten Welt dieser Sprache. In der Sendung »The Voice of Germany« zum Beispiel singen, tanzen und pfeifen junge Leute vor einer Jury, am Ende wird die beste Stimme von der Jury und dem Publikum ausgewählt. In dieser Sendung singen fast alle der jungen Deutschen englische Lieder. Keiner kam bis jetzt auf die Idee, das Lied »Zigeunerjunge« der deutschsprachigen Schlagersängerin Alexandra zu singen. »Zigeunerjunge, Zigeunerjunge, er spielte am Feuer Gitarre. Tam ta ta tam tam ta tam tam ta tam.« Wieso nicht? Diese Veranstaltung findet ja nicht in London oder New York statt, sondern in Berlin. Wird in Berlin nur englisch gesungen? Für diese schräge Situation gibt es vermutlich nur zwei Erklärungen. Die Sendung heißt nicht »Die Stimme von Deutschland«, sondern »The Voice of Germany«, deswegen tauchen hier nur Leute auf, die Englisch können. Oder die jungen, talentierten Deutschen haben ein echtes Problem mit ihrer Sprache sowie mit ihren Liedern und Geräuschen. Vielleicht denken Sie, ich fordere hier mehr deutsche Musik? Nein, nein, ich rede hier nur über die störenden Geräusche in der deutschen Sprache.

Also – es gibt noch ein weiteres Pronomen, das kulturell sehr problematisch ist: SIE. Im Singular hat es die gleiche Form wie in der Mehrzahl.

<u>Sie</u> ist eine Frau.

<u>Sie</u> sind Frauen.

Das ist vermutlich verständlich für einen Muttersprachler, aber für einen Menschen, der diese Sprache nicht mit der Muttermilch aufgesogen hat, ist das alles andere als nachvollziehbar. Ein Pronomen für Einzahl und Mehrzahl gleichzeitig? Warum? Gibt es keine anderen Buchstaben im Alphabet der Deutschen? Man fragt sich hier auch: Warum haben die männlichen und die sächlichen Pronomen zwei Buchstaben, ER und ES, aber die weiblichen drei: SIE? Kann mir das irgendeiner erklären? Wenn die anderen im Singular nur zwei Buchstaben haben, kann man das SIE ihnen doch anpassen, dann hat man eine einheitliche Form für alle. Wie wäre es mit EM statt SIE?

Männlich: ER

Sächlich: ES

Weiblich: EM

Im Akkusativ gibt es dann jedoch noch immer eine Uneinheitlichkeit, die die männlichen Pronomen hier verursachen. Sie kommen natürlich nicht klar damit, dass sie nur zwei Buchstaben besitzen. Typisch maskulin! Sie ändern im Akkusativ ihre Form von ER zu IHN, sie machen sich größer, als sie sind, und unterscheiden sich dadurch von ES und EM. Das bewillige ich im Neudeutschen nicht. Auch ER muss seine Grenzen kennen und sich wie ein zivilisiertes Individuum benehmen. ER hat nur zwei Buchstaben und ist wie ES und EM nun einfach überall in dieser Sprache, in allen Fällen. Basta!

SINGULAR 1. UND 2. PERSON

	1. Person	2. Person
Nominativ	i	du
Von-Form	von mi	von di
Akkusativ	mi	di
Akkusativ II	mi	di

SINGULAR 3. PERSON

	männlich	*weiblich*	*sächlich*
Nominativ	er	em	es
Von-Form	von er	von em	von es
Akkusativ	er	em	es
Akkusativ II	er	em	es

PLURAL

	1. Person	2. Person	3. Person
Nominativ	wir	ihr	sie
Von-Form	von uns	von euch	von sie
Akkusativ	uns	euch	sie
Akkusativ II	uns	euch	sie

Jetzt ist es einheitlich, harmonisch, logisch und schön, alle drei Personalpronomen der 3. Person Singular der deutschen Sprache sind endlich gleich stark. Keine zahlenmäßigen Unterschiede mehr zwischen den dreien. Kein ER oder ES beschwert sich, weil man ihnen nur zwei Buchstaben gegeben hat. Auch SIE fühlt sich in der neuen Form EM nicht als Minderheit zwischen den anderen. Diese Variante kann für Gleichheit und Gleichberechtigung aller Geschlechter sorgen. Auch SIE im Plural fühlt sich nun anerkannter und nicht nur als etwas, das nicht einmal ein spezifisches eigenes Pronomen besitzen darf.

Alle Pronomen verdienen ihre Selbstständigkeit und ihre Unabhängigkeit in der deutschen Sprache und in der Gesellschaft. Ich bin mir ziemlich sicher, dass diejenigen, die SIE sowohl für die Singular- als auch für die Pluralformen erfunden haben, Männer waren, die weder Frauen noch Homosexuelle noch Fremde respektiert oder überhaupt wahrgenommen haben.

Aber wieso habe ich mich für die Buchstaben EM entschieden?, fragt sich vielleicht jemand. Ich dachte an die Zeitschrift *Emma*, die früher mal für die Rechte der Frauen kämpfte. Gegenwärtig weiß ich wirklich nicht, wofür die Zeitschrift steht. Ich will mit diesem Pronomen EM die alte *Emma* würdigen.

Mit der neuen Struktur der Personalpronomen haben SIE im Singular für Feminina, wie eine Frau, und SIE im Plural für Mehrzahl, wie Fremde, endlich ihre Unabhängigkeit und Eigenständigkeit in der deutschen Sprache erhalten. Ich hoffe, die Preußen und die Bayern kommen damit klar.

1. Person Singular hat die Pronomen I/MI.

2. Person Singular hat die Pronomen DU/ DI.

3. Person Singular männlich hat das Pronomen ER.

3. Person Singular weiblich hat das Pronomen EM.

3. Person Singular sächlich hat das Pronomen ES.

Reflexivpronomen

Einige Pronomen sind sinnlos, andere relevant, darunter die Reflexivpronomen. Sie weisen auf das Subjekt zurück und kommen im Dativ und Akkusativ vor, und sie sind von diesem Subjekt abhängig. Sie müssen die gleiche Person angeben, die das Subjekt vorgibt. Die Reflexivpronomen zeigen sich in der feinsten Form, ich nenne sie manchmal auch die »rheinländischen« Pronomen – weil ich sie mag.

Ich freue <u>mich</u>, du <u>dich</u> aber nicht. Er ärgert <u>sich</u> sehr, wir <u>uns</u> auch. Ihr überlegt <u>euch etwas</u>, aber sie putzen <u>sich</u> die Zähne.

Ich glaube, Reflexivpronomen sind in jeder Sprache wichtig. Sie sollen weiter verwendet werden, allerdings ausschließlich in der Akkusativform. Wie ich es hier schon immer predige. Dativ und Genitiv haben in der neuen deklinationsfreien Sprache nichts zu suchen. Sie existieren nicht mehr. Der Nominativ und der Akkusativ kümmern sich um alles. Also – es gibt keine Unterscheidung mehr von DICH/DIR und MICH/MIR, sondern nur noch MI und DI.

Doch wir haben hier nun das Problem mit dem Reflexivpronomen der dritten Person im Singular, SICH, und im Plural, SICH. Schon wieder eine Doppelung. Irritierend. Aber die Lösung ist ziemlich einfach, SICH im Plural muss geändert werden, denn SICH im Singular gehört der dritten Person, männlich, weiblich und sächlich. Dies kann ich hier natürlich nicht ändern. Statt SICH schlage ich deshalb im Plural HICK vor.

SINGULAR 1. UND 2. PERSON

	1. Person	2. Person
Akkusativ II	mi	di
Akkusativ	mi	di

SINGULAR 3. PERSON

	männlich	weiblich	sächlich
Akkusativ II	sich	sich	sich
Akkusativ	sich	sich	sich

PLURAL

	1. Person	2. Person	3. Person
Akkusativ II	uns	euch	hick
Akkusativ	uns	euch	hick

I freue <u>mi</u>, du <u>di</u> aber nicht. Er ärgert <u>sich</u> sehr, wir <u>uns</u> auch. Ihr überlegt <u>euch etwas</u>, aber sie putzen <u>hick</u> die Zähne.

Mehr gibt es hier nicht zu machen, damit sind die Reflexivpronomen klar und übersichtlich.

Reflexivpronomen zeigen überall eine Akkusativ-Form.

Für die 3. Person Plural lautet das Reflexivpronomen HICK.

Relativpronomen

Zu den sinnlosen Pronomen gehören die Relativpronomen, »bezügliche Fürwörter« genannt, wie DER, DIE, DAS. Sie stehen am Anfang eines Relativsatzes. Ein Relativpronomen bezieht sich auf ein vorangehendes Nomen.

Hier will ich auch nicht viel mehr dazu sagen als: Diese Dinge sind wie unnötige Knöpfe an einem Hemd. Fast alle Relativpronomen sollen abgeschafft werden. Nur diese Formen gelten in allen Fällen:

Maskulinum, Femininum, Neutrum: DE
Plural: DIE

Deutsch

Die Polizei sucht einen Mann, der Massud heißt. Er hat die Ausländerbehörde überfallen und einen Mitarbeiter geohrfeigt. Der Mann, dem Marina gerade die Wohnungstür geöffnet hat, ist ein Polizist. Er zeigt ihr das Foto des Mannes, der die Behörde überfallen hat. Marina kennt ihn aber nicht.

»Ihr Mann heißt Massud.«

»Nicht jeder, der Massud heißt, ist mein Mann. Mein Massud ist ein deutscher Staatsbürger. Was soll er in der Ausländerbehörde machen? Außerdem befinden er und unser Kind sich gerade im Ausland.«

Der Polizist, der sehr irritiert ist, schüttelt den Kopf und ruft seinen Vorgesetzten an. Marina schließt die Tür.

Neudeutsch

De Polizei sucht e Mann, <u>de</u> heißt Massud. Er hat überfallen de Ausländerbehörde und geohrfeigt e Mitarbeiter. De Mann, <u>de</u> Marina hat geöffnet gerade de Wohnungstür, ist e Polizist. Er zeigt <u>em</u> de Foto von de Mann, <u>de</u> hat überfallen de Behörde. Marina kennt <u>er</u> aber nicht.

»Ihr Mann heißt Massud.«

»Nicht jeder, <u>de</u> heißt Massud, ist mein Mann. Mein Massud ist e deutsch Staatsbürger. Was soll er machen in de Ausländerbehörde? Außerdem er und unser Kind befinden <u>hick</u> gerade in de Ausland.«

De Polizist, <u>de</u> ist irritiert sehr, schüttelt de Kopf und ruft an sein Vorgesetzten. Marina schließt de Tür.

Es gibt zwei Relativpronomen:
DE = Singular, DIE = Plural.
Das gilt für männlich, weiblich und
sächlich im Nominativ, in der Von-Form,
im Akkusativ und Akkusativ II.

Interrogativpronomen und Co.

Es gibt noch etwas unter diesen deutschen Pronomen, was unbedingt bereinigt werden sollte? Ja. Es gibt noch diese sogenannten »Interrogativpronomen«, auch »W-Wörter« oder »fragende Fürwörter«, »Fragefürwörter« genannt: WER, WELCHE, WAS, WEM, WESSEN ... Sie ersetzen im Fragesatz das Nomen, nach dem wir fragen.

Ich glaube, ich muss jetzt nicht mehr mit Tabellen arbeiten. Alle diese Pronomen sollen im Neudeutschen eine einheitliche feste Form bekommen, die fortan unveränderbar bleibt. WEN und WEM werden zum Beispiel zu einem ewigen WER, und WELCH wird nicht dekliniert. WESSEN soll nicht weiter existieren, es wird von der Von-Form ersetzt.

Deutsch

> Wem hast du das Buch gegeben?
> Was für einen Lehrer hast du?
> Wessen Tasche ist das?
> Welches Hemd passt zu mir?

Neudeutsch

> <u>Wer</u> du hast gegeben de Buch?
> <u>Was für e</u> Lehrer du hast?
> <u>Von wer</u> ist de Tasche?
> <u>Welch</u> Hemd passt zu mi?

Zum Schluss noch ein wichtiger Punkt: Indefinitpronomen = unbestimmte Pronomen. Sie verweisen auf Personen oder Sachen, die nicht genauer bestimmt sind, wie ETWAS, KEIN, NICHTS, MAN, JEMAND und JEDER ... Sie sind ziemlich zentral, sie helfen der Sprache, vielfältig zu sein. Aber mit der Beugung und der Änderung der Form machen sie einem nur Ärger. Also – hier ist mein Vorschlag: Sie bekommen hier auch wie die Interrogativpronomen eine feste Form, und diese darf nicht mehr geändert werden. KEIN bleibt KEIN – immer und überall. MAN wird im Akkusativ II nicht zu EINEM, sondern bleibt einfach nur MAN. JEDE/JEDER sind nur JED. JE-MAND ist immer JEMAND – in allen Formen. Das gilt etwa auch für die Demonstrativpronomen wie zum Beispiel DIE-SER, DIESE, DIESES, JENER, JENES, JENE ..., die in ihrer Funktion dem bestimmten Artikel entsprechen. Sie weisen nur jeweils eine Form in der deklinationsfreien Sprache auf: DIES und JEN. Punkt.

Deutsch

Massud hat keinen Hunger. Er sollte jemanden anrufen, aber er weiß nicht mehr, wen. Das kann doch jedem mal passieren.

Neudeutsch

Massud hat <u>kein</u> Hunger. Er sollte anrufen <u>jemand</u>, aber er weiß nicht mehr, <u>wer</u>. Das kann passieren doch <u>jed</u> mal.

Mit der neuen Struktur der Pronomen haben wir ein großes
Problem der deutschen Sprache gelöst.

Deutsch

Sie heißt Marina, kommt aus Mainz. Er heißt Massud,
kommt aus dem Tschad. Ihr Kind Friedrich wurde in
Baden-Württemberg geboren. Alle besitzen sie die deutsche Staatsbürgerschaft. Wir nennen sie in unserem
Wohnblock die »Neger-Familie«. Auf der Straße wird der
Vater von den Polizisten mehrfach und grundlos kontrolliert, im Supermarkt wird er von den Mitarbeitern ständig beobachtet, und in die Diskothek geht er seit einer
Ewigkeit nicht mehr, weil er weiß, dass die Türsteher ihn
sowieso immer nach Hause schicken. Marina ärgert sich
sehr und verliert oft die Nerven. Massud ist aber daran
gewöhnt und nimmt alles locker und mit einem freundlichen Lächeln. Ihr Kind Friedrich bekommt von alldem
noch nichts mit, aber bald.

Neudeutsch

<u>Em</u> heißt Marina, kommt aus Mainz. Er heißt Massud,
kommt aus <u>de</u> Tschad, ihr Kind Friedrich wurde <u>geboren</u>
in Baden-Württemberg. Alle sie besitzen <u>de</u> deutsc<u>h</u>
Staatsbürgerschaft. Wir nennen sie in <u>unser</u> Wohnblock
<u>de</u> »Neger-Familie«. Auf <u>de</u> Straße <u>de</u> Vater wird <u>kontrol-
liert</u> von <u>die</u> Polizisten mehrfach und grundlos, in <u>de</u>
Supermarkt er wird <u>beobachtet</u> von <u>die</u> Mitarbeite<u>r</u> ständig, und in <u>de</u> Diskothek er geht seit <u>e</u> Ewigkeit nicht

mehr, weil er weiß, dass die Türsteher <u>schicken</u> <u>er</u> immer
nach Hause. <u>Sein</u> Frau ärgert sich sehr und verliert oft <u>ihr</u>
Nerven. Er ist gewöhnt aber daran und nimmt alles lo-
cker mit <u>e</u> freundli<u>ch</u> Lächeln. Ihr Kind Friedrich <u>mitbe-
kommt</u> von <u>allde</u> noch nichts, aber bald.

Ich denke, mit diesen Änderungen im Bereich der Pronomen
kann die deutsche Sprache jetzt auch um einiges schneller
erlernt werden. Sogar schneller noch als Englisch. Viel Spaß.

Die Verteidigung
der langen
Unterhosen

Lektoren, Literaturkritiker und Literaturwissenschaftler haben einen chronischen Adjektiv-Komplex. Sie hassen Adjektive. Wieso eigentlich? Das versteht keiner. Eigenschaftswörter scheinen für sie etwas Minderwertiges zu sein. Ihnen ist es lieber, ein Buch zu lesen, in dem keine Adjektive und Adverbien vorkommen. Man hat da den Eindruck, die deutschen Lektoren würden die Eigenschaftswörter in einem Text nicht mit einem Stift, sondern mit einem Messer lektorieren und niedermetzeln. Sie schlachten ein Adjektiv nach dem anderen ab. Paradoxerweise sind ebenjene Wortarten in der deutschen Sprache ein komplexes Feld, es verbirgt sich da ein ganzes Labyrinth, das sehr reizvoll ist. Trotzdem betrachten Stilkenner Adjektive, als wären sie zu bekämpfende Krankheitserreger.

Dabei sind doch gerade diese armen Adjektive sehr wichtig, und ohne sie wäre die Sprache nackt, haltlos, wackelig, sogar konturenlos. Den Eigenschaftswörtern geht es wie den langen Unterhosen im Winter, alle brauchen sie und kaufen eine große Auswahl davon, weil sie uns helfen und wärmen. Trotzdem werden sie beleidigt und »Liebestöter« genannt. Hier fühle ich mich tatsächlich verpflichtet, die Adjektive wie die langen Unterhosen zu verteidigen. So viel Unfairness, wie die lange Unterhose und das Adjektiv sie erfahren, musste noch niemand in der Geschichte der Mode und der Sprache erleiden.

Bevor ich nach Deutschland kam, hatte ich noch nie in meinem Leben Minustemperaturen erlebt. Im irakischen Winter scheint die Sonne ständig, er ist so kalt wie ein deutscher Frühling. Am Anfang litt ich sehr unter dieser deutschen Winterkälte, ich zitterte andauernd, verließ selten mein Zimmer und hockte vor dem Heizkörper, drückte mich stundenlang an ihn. Ich hasste den Anblick des Schnees und des grauen Himmels.

Zu jener Zeit habe ich auch den Typen gehasst, der einmal zu mir sagte: »Es gibt kein schlechtes Wetter, es gibt nur falsche Kleidung!« Was für ein bescheuerter Spruch, dachte ich. So ein Alleswisser bräuchte mal eine Sprichwortausbildung in einer Gegend wie Bagdad, wo es im Sommer in der Mittagszeit über fünfzig Grad warm wird. Sogar nackt und unter einer kalten Dusche schwitzt man. Wenn man seine Haut und sein Fleisch abziehen könnte, würde man das tun, um die Hitze besser ertragen zu können. Was würde dieser Besserwisser dann wohl sagen?, fragte ich mich. Vielleicht: »Es gibt keine Hitze, es gibt nur eine falsche Haut!«?

Irgendwann aber verstand ich den Unterschied zwischen Hitze und Kälte, und irgendwann verstand ich den deutschen Spruch. Dies hing mit meiner Entdeckung der langen Unterhosen zusammen. Mit ihnen begann ich, mich im Winter auch mal vor die Tür zu wagen, spazieren zu gehen, zu wandern. Seitdem sind sie meine Schutzengel in dieser Eiswüste. Ich habe zahllose davon gekauft, viel mehr als Hemden und Hosen. Ich gab ihnen adjektivische Namen. Die Wärmste, die Familiäre, die Praktische und so weiter, und eine lange Unterhose, die ich sehr mochte, weil sie hautverträglich war und einen sanften Stoff hatte, bekam sogar den Namen meiner Freundin. Adjektive sind genauso liebenswürdig wie die langen Unterhosen, man muss sie nur entdecken und richtig anwenden, dann versteht man ihre Schönheit. Sie kennt keine Grenzen.

Man kann die Adjektive prädikativ, adverbial und attributiv verwenden. Diese Begriffe klingen fürchterlich, wie Medikamente. Sie sind für Menschen, die gerade erst anfangen Deutsch zu lernen, sehr nervig. Wer kann sie sich merken? Was soll das bedeuten? Jahrelang ist man damit beschäftigt zu lernen, wie sich ein Nomen mit einem Adjektiv verhält, wenn die beiden mehrere Ohrfeigen der Deklination kassieren.

Das Problem mit solchen Begriffen begleitet mich während meines ganzen Lebens in Deutschland, auch damals an der Universität. Ab und zu musste ich schriftliche Hausarbeiten verfassen. Ich habe immer mit vier deutschen Kommilitoninnen und Kommilitonen gelernt. Einer galt als der Philosoph unter uns. Er hatte echt ein verdammt verwirrtes Gehirn, wie Heidegger. Er hat mir damals beigebracht, wie ich immer eine gute Note mit meinen schriftlichen Arbeiten ergattern konnte. Nie habe ich danach noch eine Note schlechter als 1,6 für schriftliche Hausarbeiten erhalten. Nicht etwa, weil ich ein Streber oder ein Genie gewesen wäre, nein, nein. Mein Kamerad hatte eine Strategie, die einfach bei allen Dozenten funktioniert hat. Erstens: Man muss die zwanzig bis dreißig Seiten der schriftlichen Arbeit möglichst schnell mit einfachen Worten füllen. Am besten an einem Tag. Der Inhalt ist dabei ziemlich egal. Zweitens: Man muss dann die einfache Sprache des Textes verändern und so schwer wie möglich machen. Eine Woche benötigt man mindestens für diesen Schritt der Verkomplizierung. Alle Adjektive und Adverbien müssen hierbei entfernt werden. Man macht sich auf die Suche nach deutschen und fremdsprachlichen, also englischen, französischen oder lateinischen, jedenfalls nach komplizierten Begriffen aus Lexika und Fachwörterbüchern. Nach und nach werden die einfachen Nomina und Komposita durch diese Begriffe ersetzt. Wenn man selbst den ganzen Text nur noch mit größter Mühe versteht und sogar die einfachste Idee durch die vielen Begriffe hochkomplex erscheint, ist die schriftliche Arbeit fertig. Ein Text muss unbedingt von Formulierungen dominiert sein wie »Sinnentleerung der krachenden Leere« oder »philosophisches Inhalieren der Duftebenen des unstrukturierten Behälters«.

So verlief mein Studium der Literaturwissenschaft. Ich

war immer auf der Jagd nach komplizierten Begriffen aus allen Bereichen der Wissenschaft, die ich in irgendeiner schriftlichen Hausarbeit verwenden konnte. Wie beim Garnieren eines Obstkuchens hatte ich einen bunten Vorrat an Fachbegriffen angehäuft, den ich bei Bedarf ausstreuen konnte, als wären es Früchte.

Anfänglich jedoch, beim Deutschlernen, hatte ich zum Glück meine eigene Methode entwickelt, wie ich solche Begriffe für mich verständlich machen konnte. Ich gab ihnen andere Bezeichnungen, die ich aus dem Arabischen kannte, um sie mir besser merken zu können.

Ein Attribut nannte ich »Octopod«, adverbial hieß »Hannibal« und prädikativ wurde »kreativ«.

Also – »Kreativ-Adjektive« nennt man Adjektive nach den Verben SEIN, BLEIBEN und WERDEN. Sie bleiben in ihrer Form immer gleich.

Der Lehrling ist <u>lustig</u>.

»Hannibal-Adjektive« nennt man Adjektive nach allen Verben außer SEIN, BLEIBEN und WERDEN. Auch sie bleiben in ihrer Form immer gleich.

Der Lehrling springt <u>lustig</u> umher.

»Octopoda-Adjektive« hingegen sind ziemlich kompliziert. Steht das Adjektiv vor einem Nomen, muss es dekliniert werden.

Der lustige Lehrling ist nicht mehr lustig, er hat die deutschen Attribute kennengelernt.

Diese »Octopoda« sind eine Tragödie für diejenigen, die die deutsche Sprache erlernen wollen. Es gibt viele Arten und Ausnahmen davon, was alles ziemlich chaotisch macht. Und die Deklination macht alles noch unerträglicher und überhaupt nicht mehr nachvollziehbar. Ich führe das gar nicht weiter mit Beispielen aus, weil das nicht weiterhelfen würde. Hier ist eine Lösung für alle Arten von Adjektiven: Ich schlage vor, »Octopoda-Adjektive« wie ihre Kollegen, die »Kreativ-« und »Hannibal-Adjektive«, zu behandeln. Diese sind im Kern unveränderlich.

Deutsch

Der ehrgeizige Politiker lernt täglich neue lateinische Begriffe. Die alte Volkspartei beobachtet diesen fleißigen Politiker. Der konzentrierte Politiker wird von dem neuen Parlament gewählt. Die junge Ehefrau des ehrgeizigen, fleißigen und konzentrierten Politikers freut sich mit ihm. Das arme Volk heult.

Neudeutsch

De ehrgeizig Politiker lernt täglich neu lateinisch Begriffe. De alt Volkspartei beobachtet dies fleißig Politiker. De konzentriert Politiker wird gewählt von de neu Parlament. De jung Ehefrau von de ehrgeizig, fleißig und konzentriert Politiker freut sich mit er. De arm Volk heult.

Das Adjektiv soll unveränderbar sein. Dieser Vorschlag gilt für alle Adjektive und ähnliche Formen. Auch für die Steigerungsformen der Adjektive. Diese sind ja auch wieder von spezieller Art. Steigerungsformen verwendet man, wenn man etwas miteinander vergleichen will. Es gibt drei Steigerungsstufen.

Positive Form: schnell
Komparativ: schneller
Superlativ: schnellste/am schnellsten

Die Steigerungsformen der Adjektive sind natürlich wichtig, können aber leider nicht in ihrem gegenwärtigen Zustand erhalten bleiben. Sie müssen kernsaniert werden. Dafür habe ich einen praktischen Verbesserungsvorschlag:

Positive Form: schnell
Komparativ: mehr schnell
Superlativ I: sehr schnell
Superlativ II: megaschnell

Deutsch
Nils läuft so schnell wie Maja. Peter läuft schneller als Nils. Peter läuft am schnellsten. Er ist der schnellste Läufer von allen.

Neudeutsch
Nils läuft so <u>schnell</u> wie Maja. Peter läuft <u>mehr schnell</u> als

Nils. Peter läuft <u>sehr schnell</u>. Er ist de <u>megaschnell</u> Läufer von all.

Mit diesen Verbesserungsvorschlägen im Bereich der Adjektive kann man tatsächlich ein großes Hindernis, das man beim Erlernen der deutschen Sprache antrifft, beseitigen. Vielleicht werden die Eigenschaftswörter auch für manche Lektoren und Intellektuelle dieses Landes so wieder attraktiver. Vielleicht hält man sie nicht mehr für Liebestöter, sondern für Reizwäsche. Wer weiß, wer weiß?

Alle Adjektive und Adverbien sind unveränderbar.

Die Steigerungsform der Adjektive ist keine Ausnahme.

Die Präpositionen von Allah

Als Jugendlicher war ich ein Jahr lang religiös. Ich muss so vierzehn Jahre alt gewesen sein. Es begann alles mit einem dreibändigen Buch: *Die Vollkommenheit im Islam*. Mein älterer Bruder, der zu jener Zeit Gott fürchtete – doch heute nicht mehr –, brachte es mit nach Hause. Nach der Lektüre fühlte ich den Drang, mehr von der Religion erfahren zu wollen. In einem Kapitel ging es um die Geheimnisse der Sprache, insbesondere um die Präpositionen im Koran. Die arabische Sprache hat nur einundzwanzig Präpositionen, im Koran gibt es aber noch mehr, die man vor dem Islam nicht kannte. Sie sollen irgendetwas symbolisieren, das man bis heute nicht entziffern kann. Einige arabische Skeptiker im Mittelalter behaupteten, Allah – beziehungsweise Mohammed – habe sich ein paar Präpositionen aus dem Hebräischen oder aus irgendeiner anderen Sprache ausgeliehen und sie ins Arabische integriert, um den Koran rätselhafter zu machen. Die Präpositionen von Allah sind geheimnisvoll und lassen Raum für Spekulationen.

Auf jeden Fall begann ich mich in dieser Zeit stark für die Religion zu interessieren. Einige Freunde meines Bruders liehen mir weitere religiöse Texte, und dankbar las ich alles, was ich in die Hände bekam. Kurze Zeit später betete ich fünf Mal am Tag, lief mit dem Koran unter dem Arm durch mein Viertel in Bagdad und erzählte den Menschen von der Schönheit Gottes und der Heiligen Schrift. Der Wunsch, ein Imam zu werden, wuchs in mir heran. Das hieß auch: Ich musste weiterlesen, aber nun spezielle Werke für Imame, über die Sprache und die Lehre des Islams. In jenem Jahr lernte ich viel Neues und erlangte irgendwann eine innere Ruhe, die ich später selten in meinem Leben gehabt habe. Zunächst wollte ich allen in meiner Familie zeigen, dass ich es ernst meinte und tatsächlich ein Imam werden wollte. Konkret bedeutete dies: Zuhause durfte es keine libanesischen Zeitschriften mit halbnackten Frauen mehr geben. Das seien Werke des Teufels. Ich hatte vorher oft mit meinen Schwestern in diesen Magazinen geschmökert, und einige davon waren auch in meinem Besitz. Ich stieg auf das Dach unseres Hauses, legte alle Zeitschriften vor mir auf den Boden und zündete sie an. Ich betrachtete den Rauch, der in den Himmel stieg, und sagte ganz leise: »Das ist mein Geschenk für dich, Allah.« Das war meine persönliche Zeitschriftenverbrennung. Danach fühlte ich mich unendlich stark und hatte kein schlechtes Gewissen mehr gegenüber Gott. Ich war nun auf seiner Seite. Innerlich sauber, reinigte ich unser Haus von »ehrlosen« Gegenständen. Die zweite Sache, auf die ich sehr stolz war, war, dass es mir gelang, zwei meiner besten Freunde davon zu überzeugen, ihr Leben ebenfalls Gott zu widmen, und zwei Frauen in meiner Familie dazu zu bringen, Schleier zu tragen: meine Schwester und die Frau meines Bruders. Die armen Frauen tragen bis heute Schleier, obwohl ich selbst bald schon meinen pubertären Eifer ablegte und mich von der Religion wieder abwandte. Auch die beiden Freunde sind noch immer sehr religiös. Einer ist heute sogar Pressesprecher einer schiitischen Miliz in Bagdad, der andere ein Imam in einer kleinen Stadt im Süden.

Diese zwei Handlungen, auf die ich damals so stolz war, halte ich heute für die schlimmsten Taten meines Lebens. Ich war nach meiner Flucht jahrelang nicht im Irak und konnte Bagdad erst nach dem Sturz des Diktators durch die Amerikaner endlich wieder besuchen. Zunächst traf ich mich mit einem meiner Freunde und besuchte auch die Frau meines Bruders. Sie sagten mir ungefähr dasselbe: »Du hast mir damals die Augen geöffnet.« Als ich das hörte, verstand ich, wie stark mein Einfluss damals auf sie gewesen sein musste. Als hätte ich jemanden mit einer Krankheit infiziert, für die es nun keine Heilung gab. Ich bereue es so sehr, dass es mir wirklich wehtut, wenn ich daran denke, und obwohl ich mehrmals versuchte, alles wieder rückgängig zu machen, scheiterte ich und merke nun, wie schwach mein Einfluss heute auf sie ist.

Wer weiß, was ich noch angestellt hätte, wenn ich tiefer in die Welt Gottes eingetaucht wäre? Zum Glück kam die Rettung schnell, und zwar auf dem Büchermarkt im Bagdader Zentrum. Ich war auf der Suche nach religiösen Werken und stand vor einem Buchhändler, der eine interessante Sammlung von literarischen und religiösen Publikationen anbot. Wie jedes Kind, das davon überzeugt ist, die absolute Wahrheit erkannt zu haben, sprach ich mit diesem alten Mann und erzählte ihm vom Himmel, von den Engeln und von der Hölle. Er hörte aufmerksam zu, und irgendwann fragte er: »Bist du fertig?« Dann hielt er mich am Arm fest und reichte mir das Buch *Der Prophet* des libanesischen Dichters und Philosophen Khalil Gibran. »Als Geschenk«, sagte er. »Lies es, und wenn du fertig bist, komm wieder zu mir und lass uns erneut über die Engel und den Teufel reden.«

Das Buch verwirrte mich völlig. Im Islam gilt der Koran als sprachliches Wunder, es ist schließlich die Botschaft von Allah höchstpersönlich. Der Koran ist absolut, vollkommen und unvergleichbar. Er ist deshalb auch die Grundlage der arabischen Sprache. Doch ich las nun das Buch von Khalil Gibran und dachte mir: Wie kann das sein? Wie kann ein Mensch schöner mit Sprache umgehen als Gott? Von diesem Moment an war ich Zweifler. Sofort hörte ich auf, davon zu träumen, Imam zu werden. Seitdem wollte ich Schriftsteller sein. Literatur statt Religion. Schöner zu schreiben als Allah, das war mein Plan.

Leider hat dies nicht ganz geklappt. Ich bin zwar tatsächlich Autor geworden, schreibe aber nicht auf Arabisch, sondern auf Deutsch. Schöner als Gott zu schreiben ist auf Deutsch leider unmöglich. Und ich kann mir auch nicht vorstellen, dass irgendein Gott stolz darauf wäre, die deutsche Sprache erfunden zu haben. Diese Sprache allerdings zu verändern, das ist möglich, denn das Deutsche ist im Gegensatz zum Arabischen ja weder göttlich noch unveränderbar.

Dabei wäre Allah wohl der Einzige, der uns dabei helfen könnte, die deutschen Präpositionen vernünftig zu gestalten. Denn seine Präpositionen im Arabischen könnten die deutsche Sprache wirklich erleichtern. Deutsche Präpositionen sind ja so kompliziert, zahlreich und undurchschaubar.

Aber wie macht es Allah? Das erkläre ich gleich. Zunächst müssen wir uns aber anschauen, was die deutsche Sprache bislang hergibt.

Im Deutschen kann man nicht genau sagen, wie viele Präpositionen existieren, es gibt viele Wendungen, die präpositional gebraucht werden. Zusammen, behaupte ich mal einfach so, sind es bestimmt mehr als zweihundert Stück. Auf jeden Fall deutlich mehr, als es deutsche Käsesorten gibt:

- Präpositionen des Ortes, wie AN und HINTER
- Präpositionen der Art und Weise, wie OHNE und GEGEN
- Präpositionen der Zeit, wie NACH und SEIT
- Präpositionen des Grundes/Ziels, wie INFOLGE und TROTZ
- Manche Präpositionen verwendet man mit dem Genitiv, andere mit Akkusativ oder Dativ. Es gibt aber auch die sogenannten »Wechselpräpositionen«, die mal den Dativ und mal den Akkusativ erfordern.

Als ich anfing, Deutsch zu lernen, dachte ich, ich würde es niemals hinbekommen, diese Präpositionen und ihre Funktionen zu verstehen. Es war ein andauernder Kampf, sie zu begreifen und richtig zu verwenden. Ich fragte mich ständig, welche Präposition nun richtig sei, wenn ich einen Satz bildete. Früher wusste ich nicht, ob Mohammed IN, BEI oder AUF der Moschee ist oder ob Jesus NACH, AUF oder ZU der Kirche geht. Heute weiß ich: Mohammed geht IN die Moschee, Jesus befindet sich IN der Kirche, und sie gehen AUF ein Konzert und NACH Hause wie alle Menschen.

Entweder lernt man das alles auswendig oder man ist hier ziemlich verloren. Wieso ist die Richtung im Deutschen ZU bei der Schule, und NACH bei Hause? Darauf gibt es keine logische Antwort. Wie soll ein Mensch all diese Formen erlernen? Jede Präposition hat ihre spezielle Art der Verwendung. Die Verhältniswörter bestimmen auch den Kasus ihrer Bezugswörter. Also, Klarheit und Reduktion sind hier linguistisch dringend notwendig.

In dieser für die Sprache verfahrenen Situation können nur zwei den Deutschen helfen, ihre Präpositionen in den Griff zu kriegen. Das sind Allah und ich.

Ich habe bereits in den vorherigen Kapiteln alles geregelt. Dativ und Genitiv wurden abgeschafft, wodurch wir in der neuen deutschen Grammatik automatisch weniger Probleme mit Präpositionen haben. Viele Wendungen, die präpositional gebraucht werden, spielen hier keine Rolle mehr. Das heißt, alle Präpositionen, die den Dativ erfordern, wie MIT, SEIT, AUS, ZU, NACH, VON, erklären wir zu Präpositionen mit Akkusativ. Dreißig Prozent aller Problemfälle sind damit schon ausradiert. Von den Wechselpräpositionen belassen wir auch nur die Hälfte: diejenigen, die den Akkusativ verlangen. Den Rest – Dativ-Kreaturen – ändern wir einfach. Wieder fast fünfzehn Prozent weniger Sorgen. Mit dem Genitiv habe ich mit großer Hilfe der Bayern weitere zwanzig Prozent vernichtet, denn den Genitiv haben wir zusammen in seiner ursprünglichen Form abgeschafft. Der permanente Streit der Urdeutschen, ob nach der Präposition WEGEN ein Dativ oder ein Genitiv stehen muss, ist damit für immer und ewig beendet. Nach WEGEN kommt weder Dativ noch Genitiv, sondern Akkusativ. Man sagt nicht »wegen mir« oder »meinetwegen«, sondern man sagt: WEGEN MI.

Deutsch

Wegen des schlechten Wetters hocke ich in der Wohnung der Oma und lese die Bibel.

Neudeutsch

Wegen de schlecht Wetter hocke i in de Wohnung von de Oma und lese de Bibel.

Also – fast drei Viertel der Präpositionsprobleme in der deutschen Sprache sind behoben, wenn man meine vorherigen Verbesserungsvorschläge komplett übernimmt. Circa sechzig schwierige präpositionale Wendungen sind noch übrig. Und da kommt Allah ins Spiel. Arabisch ist sehr kompliziert, aber die einundzwanzig Präpositionen dieser Sprache hat Allah sich gut überlegt. Sie sind klar und gut strukturiert. Allah ist wahrlich ein Meister der Replikation, er hat ein paar Präpositionen aus anderen Sprachen kopiert und einfach ins Arabische geklebt. In der modernen Literaturwissenschaft nennt man diese Tat »Intertextualität«, früher hieß sie »Plagiat«. Also – von den verständlichen Präpositionen der Araber werde ich mir zwei ausleihen und sie ins Deutsche einfügen. Glauben Sie mir, diese fremden Präpositionen können helfen, Ordnung zu schaffen, wenn man sie richtig integriert und am Alltag teilhaben lässt.

Die Präpositionen von Allah sind: MIN und ILA.

Die Präposition MIN (مِن) ist eine der meistbenutzten Präpositionen der Araber, sie wird sowohl vor Nomen als auch vor Personalpronomen angewendet. Mit MIN im Deutschen haben zukünftige Lernende der Sprache keine Probleme mit AUS und VON, sie müssen nicht mehr dazwischen unterscheiden. MIN ersetzt im Deutschen diese beiden Präpositionen. Mit MIN hat der Gott der Araber etwas ganz Feines erschaffen.

Deutsch

Mohammed und Jesus wurden von Allah auserwählt. Sie sind Propheten. Mohammed stammt aus Mekka, und er ist davon überzeugt, dass Jesus von Nazareth nicht aus Betlehem kommt.

Neudeutsch

Mohammed und Jesus wurden auserwählt <u>min</u> Allah. Sie sind Propheten. Mohammed stammt <u>min</u> Mekka, und er ist überzeugt <u>damin</u>, dass Jesus <u>min</u> Nazareth kommt nicht <u>min</u> Betlehem.

Die Präposition *ILA* (الى) hat folgende Bedeutungen: NACH, AUF, ZU, BIS oder IN. ILA ähnelt dem englischen *TO*. ILA ist wie eine Paprika, die man überall reinschnippeln kann, in Suppen, in Salat, in einen Auflauf und auf den Grill. Sie passt sich super an. Etwas Vergleichbares gibt es auch in der jüngeren deutschen Geschichte. Die Bundeskanzlerin Angela Merkel ist die perfekte ILA. Sie hat über Jahrzehnte eine wahrhaftige Paprika-Politik betrieben und sich mit allen gut verstanden – mit den Christen, Demokraten, Liberalen und Vegan-Linken –, sie hat dabei alle ihre Ziele erreicht. Sie war immer das, was die anderen sich wünschten, und sie sagte das, was die anderen gern hören wollten. Wenn sie die Liberalen politisch brauchte, beteuerte sie mehrfach etwas Liberales, bis diese dachten, sie sei liberaler als sie selbst. Bei den Christen zitierte sie die Bibel. In Saudi-Arabien hätte sie keine Schwierigkeiten damit, die längste Sure des Koran, »Die Kuh«, auswendig zu lernen und melodisch vorzutragen. So wie die Bundeskanzlerin ist auch ILA. ILA merkelt die Sprache und macht vieles möglich.

Diese Präposition kann sowohl vor einem Nomen als auch vor Pronomen stehen. Sie deutet immer auf ein zeitliches oder ein örtliches Ziel hin. Wenn wir die arabischen Funktionen von ILA übernehmen, hat man eine Präposition, die überhaupt keinen Unsinn macht.

Deutsch

Mohammed flieht von Mekka nach Medina. Als Flüchtling leidet er sehr im Exil. Nach vielen Jahren bekommt er jedoch Hilfe von der CIA. Er kehrt zurück und wird der Herr von Mekka. Jesus hingegen ist kein Pragmatiker wie Mohammed. Er will nicht ins Ausland fliehen. Er bleibt in Jerusalem. Er erhält keine Unterstützung von der CIA. Der arme Kerl stirbt schließlich qualvoll am Kreuz.

Neudeutsch

Mohammed flieht <u>min</u> Mekka <u>ila</u> Medina. Als Flüchtling er leidet sehr in de Exil. <u>Ila</u> viel Jahre er bekommt jedoch Hilfe <u>min</u> de CIA. Er zurückkehrt und wird de Herr <u>min</u> Mekka. Jesus ist hingegen kein Pragmatiker wie Mohammed. Er will fliehen nicht <u>ila</u> de Ausland. Er bleibt in Jerusalem. Er erhält kein Unterstützung <u>min</u> de CIA. De arm Kerl stirbt schließlich qualvoll an de Kreuz.

Das gilt fast für alle Richtungen, egal, wohin, mit ILA geht man immer sicher ins Ziel. Das heißt, dadurch können wir auf den Einsatz von ZU, AUF, BIS, IN oder NACH als Richtungsvorgabe verzichten. Man geht nicht mehr AUF ein Konzert, sondern ILA e Konzert, und man geht nicht IN die Schule, sondern man geht ILA e Schule.

MIN und ILA machen mindestens zehn deutsche präpositionale Wendungen überflüssig, sodass man am Ende weniger als fünfzig hat: Das sind weniger als in der englischen Sprache, die einundfünfzig Stück besitzt. Ist das nicht ein guter Deal?

Mit dieser Erneuerung gibt es noch eine kleine Schwierigkeit, die ich nun selbst verursacht habe. Das muss ich hier klären. Was machen wir nun mit der Von-Form beziehungsweise mit dem Genitiv im alten Deutschen? Die ursprüngliche Genitivform habe ich ja abgeschafft und durch die bayerische Von-Form ersetzt.

Deutsch
> das Buch des Mannes
> ein Buch eines Mannes

Neudeutsch
> de Buch von de Mann
> e Buch von e Mann

Nun muss ich also die bayerische Von-Form nachträglich noch arabisieren. Also – ich denke, es wäre besser, diese Form von nun an als »bayerisch-arabische Min-Form« zu bezeichnen.

Neudeutsch
> de Buch von de Mann
> e Buch von e Mann

Neuneudeutsch

> de Buch <u>min</u> de Mann
> e Buch <u>min</u> e Mann

Das gilt auch für alle Wendungen und Formen, in denen MIN und ILA vorkommen. Man sagt also nicht: DAVON, DANACH, WOVON und NACHHER, sondern: DAMIN, DAILA, WOMIN und ILAHER.

Diese von Allah inspirierte Erneuerung der deutschen Sprache erinnert mich zwangsläufig an die Zeitschriftenverbrennung auf dem Dach meines Elternhauses in Bagdad und an die religiöse Phase meines Lebens. Diesmal aber habe ich nicht den Eindruck, dass ich irgendwann etwas bereuen werde.

Statt über zweihundert präpositionale Wendungen gibt es nur noch weniger als fünfzig.

MIN und ILA sind neue deutsche Präpositionen.

Die bayerische Von-Form wird zur »bayerisch-arabischen Min-Form«.

Im verbalen Namen der Familie

Langsam freue ich mich, dass ich nur noch wenige Aufgaben vor mir habe. Das Verb ist eine davon. Dieses möchte ich gern menschlicher und zugänglicher gestalten. Aber bevor ich damit anfange, muss ich mich noch zur Konjugation äußern. Als Konjugation wird die Veränderung der Verben etwa in Bezug auf die Person, die Personenzahl und die Zeit bezeichnet. Hier ist ein Beispiel: lernen.

Singular
1. *Person:* ich lerne
2. *Person:* du lernst
3. *Person:* er, sie, es lernt

Plural
1. *Person:* wir lernen
2. *Person:* ihr lernt
3. *Person:* sie lernen

Diese Konjugation wird in allen Zeitstufen vorgenommen, das heißt, auf der Vergangenheits- und Zukunftsebene finden weitere Veränderungen der Verbformen statt. Konjugation (bei Verben) und Deklination (bei Nomen) beugen gleichzeitig und parallel den deutschen Satz, ziehen und zerquetschen ihn, machen die deutsche Sprache zu einer der schwierigsten Sprachen der Welt. In vielen Sprachen wird entweder konjugiert oder dekliniert, im Deutschen beugt man hingegen alles und an allen Fronten. In jedem Satz wird ordentlich geballert.

Ich habe viel darüber nachgedacht, wie man mit diesen beiden Infektionen der Sprache umgehen sollte. Sollte man die Deklination oder die Konjugation heilen oder ganz abschaffen? Auf beide gleichzeitig kann man nicht verzichten, damit bringt man alles nur noch mehr durcheinander. Deshalb habe ich mich nur gegen die Deklination entschieden. Konjugation ist leichter zu verstehen als Deklination. Das Ganze findet nur am Verb statt und nicht überall in der Sprache wie die Deklination. Auch wenn die Konjugation ebenso anstrengend ist und es viel Mühe kostet, um sie richtig zu verstehen und zu beherrschen, ist sie notwendig.

Aber wenn schon konjugiert wird, kann man dann nicht wenigstens auf komplizierte Ausnahmen und Formen verzichten? Man sollte hier barmherzig sein und vieles miteinander versöhnen. Zeitformen zum Beispiel müssen nicht geändert werden, obwohl ich mehrere Vorschläge hätte, wie man sie erneuern und verbessern könnte. Aber die erspare ich Ihnen. Also – alle Zeitformen, Präsens, Präteritum, Perfekt, Plusquamperfekt, Futur I und II, bleiben, wie sie sind.

Auch Passiv, Imperativ, Konjunktiv I und II, ebenso Modalverben, Partizip I und II, haben und sein, Infinitiv mit zu, Infinitiv ohne zu, reflexive Verben (ohne Dativ) bleiben erhalten, wie sie sind. Ich möchte mich hier nur um die unregelmäßigen und die trennbaren Verben kümmern. Diese dürfen so wirklich nicht beibehalten werden.

Unregelmäßige Verben

Die unregelmäßigen Verben sollen regelmäßig werden. Alle Verben sollen vor dem Gesetz der Sprache gleich sein. Kein Verb ist besser als das andere. Es ist unnötig, Ausnahmen zu erlauben, wenn die Regel doch da ist. Diese unregelmäßigen Verben fühlen sich als etwas Besonderes und Besseres. An sie ranzukommen ist ziemlich umständlich. So was sollte es in einer Sprache nicht geben. Es reicht, dass man überall in der Gesellschaft verschiedene Klassen antrifft: Economy-, Premium-Economy-, Business- und First Class, ungesunde oder Bioprodukte, Unter-, Mittel- oder Oberschicht ... Es gibt Klassen ohne Ende, für alles und jeden auf diesem Planeten. Soll das auch bei den Verben in der deutschen Sprache so sein? Haben wir davon nicht genug? Warum dulden wir zwei Klassen von Verben, wenn doch eine Klasse genügt? Mir ist klar, dass unregelmäßige Verben in vielen Sprachen der Welt existieren, auch im Englischen. Aber im Deutschen ist es sehr wichtig, darauf zu verzichten, denn diese Sprache hat sowieso schon unendliche Ausnahmen und knifflige Regeln. Mehr braucht es nicht. Hier ist mein Vorschlag:

Deutsch

    Regelmäßige Verben:

    machen, machte, gemacht

    leben, lebte, gelebt

    Unregelmäßige Verben:

    gehen, ging, gegangen

    schwimmen, schwamm, geschwommen

    nehmen, nahm, genommen

Neudeutsch

    machen, machte, gemacht

    leben, lebte, gelebt

    gehen, gehte, gegeht

    schwimmen, schwimmte, geschwimmt

    nehmen, nehmte, genehmt

Das ist doch wunderbar, oder?

Alle Verben sind regelmäßig.

Trennbare Verben

Das ist eine größere Baustelle, bei der ich erst mal den momentanen Zustand anführen muss. In der finiten Form werden einige Verben im Deutschen von Präfixen wie AB-, AN-, AUF- und ZURÜCK- getrennt – das sind trennbare Verben.

Am Sonntag gegen 6 Uhr wacht das Kind auf. Es weckt seinen Vater auf. Sie kuscheln und plaudern. Der Vater steht auf und bereitet das Frühstück zu. Ab 9 Uhr geht es mit dem Spielen los. Das Kind spielt die Rolle von Robin Hood und sein Vater ist Little John: Sie stehlen Geld von den Reichen und geben es den Armen.

Untrennbar sind Verben mit folgenden Präfixen: BE-, EMP-, ENT-, ER-, GE-, MISS-, VER- und ZER-.

Um 12:30 Uhr ist der Vater fix und fertig. Er überlegt ernsthaft, den Disney-Film *Robin Hood* zu bestellen. Vielleicht schaut das Kind ihn an und lässt seinen Vater für 120 Minuten in Ruhe. Er will ja nicht den ganzen Tag lang Little John spielen. Sein echter Name fehlt ihm langsam.

Um es richtig kompliziert zu machen: Das Partizip II der untrennbaren Verben bildet man dann auch noch ohne GE- am Wortanfang.

Um 15 Uhr hat der Vater die Spielzeit überstanden, nun tauchen die Großeltern auf und gehen mit dem Kind spazieren. Der Vater beeilt sich, um den Satz »Mein echter Name fehlt mir langsam« ins Notizheft zu schreiben.

Es gibt aber auch Verben mit Präfixen wie DURCH-, HINTER-, ÜBER-, UM- und UNTER-, die sowohl trennbar als auch untrennbar sein können. Einige Verben mit diesen Präfixen sind immer trennbar, wie UMSCHAUEN. Andere Verben mit diesen Präfixen sind nie trennbar, wie UMARMEN.

18 Uhr. Der Vater schaut sich in seinem Arbeitszimmer um und checkt seine E-Mails. Das Kind ist wieder da. Der Vater umarmt es. Nach dem Abendessen geht es wieder mit dem Spielen los. Das Kind fragt seinen Vater: »Wollen wir Geld klauen, Little John?« – »Ja, mein Robin. Los!«

Bevor ich mich weiter grammatikalisch mit den untrennbaren Verben beschäftige, habe ich das Bedürfnis, gesellschaftlich über den Begriff »Präfix« und dessen Geschwister Suffix, Zirkumfix, Interfix, Infix und Suprafix zu sprechen. Ihr Überbegriff heißt tatsächlich »Affix«.

In meiner Klasse an der Fremdsprachenschule in München kamen die meisten Schülerinnen und Schüler aus südeuropäischen Ländern wie Griechenland, Spanien, aber auch aus Lateinamerika. Unter uns war damals ein Schimpfwort gebräuchlich, das sonst keiner verstehen konnte: »deutsche To-mate«. In Griechenland zum Beispiel werden Tomaten mit Olivenöl begossen und gesalzen und dann mit Brot gegessen. Sie schmecken köstlich, man ist satt und glücklich. Die deutschen Tomaten aus dem Supermarkt hingegen sind speziell. Auch mit einer Mischung aus arabischen, türkischen und indischen Gewürzen schaffen sie es nicht, irgendeinen Südländer davon zu überzeugen, sie mit Brot zu essen, sie machen weder satt noch glücklich. Daher entstand irgendwann unser Ausdruck »deutsche Tomate«. Wir verwendeten ihn, wenn wir jemanden langweilig fanden oder etwas geschmacklos war. Zum Beispiel: »Dieser Typ ist eine deutsche Tomate.« Das bedeutete: Er ist uninteressant. Die Affixe der Deutschen erinnern ebenfalls bitter an ihre Tomaten.

Später als Student an der Universität besuchte ich eine Pflichtvorlesung mit dem Titel »Einführung in die Geschichte der deutschen Sprache« und musste mich ein Semester lang unter anderem mit den nervigen Affixen und ihrer Geschichte befassen. In dieser Vorlesung litt ich sehr mit den anderen nichtmuttersprachlichen Studierenden. Wir konnten das einfach nicht richtig verstehen, und die Affixe kamen uns sehr kompliziert, langweilig und schlichtweg affig vor. Eine südkoreanische Mitstudentin scherzte einmal, als wir in der Mensa saßen und ich ihr von den »deutschen Tomaten« erzählte, und machte aus den Affixen »die Tomaten-Fixer«. Dieser Begriff spielte seitdem eine große Rolle in unserem Leben, denn in dieser Stadt gab es noch ganz andere Affixe – beziehungsweise Fixer beziehungsweise Vixer beziehungsweise Wixer beziehungsweise Wichser, die wir immer zu meiden versuchten.

Unter anderem ihretwegen entschied ich mich, Bayern nach sechs Semestern für immer und ewig zu verlassen. Seitdem ist diese Gegend der Erde für mich wie ein verbotener Distrikt. Ich gehe nicht freiwillig dorthin zurück, nur gezwungenermaßen und meist aus beruflichen Gründen. Obwohl ich eine schöne Zeit mit meinen Kommilitoninnen und Kommilitonen und den vielen netten Menschen dort verbracht habe, gab es doch auch viele andere Gesichter, die ich nicht mehr sehen kann: Polizisten, Behörden-Kreaturen und einige Menschen, die freiwillig für Ordnung auf Straßen, Gehwegen und in Lokalen sorgten. Es konnte passieren, dass man von einem Mann mit bayerischem Hut angesprochen wurde und Befehle erteilt bekam, wie man auf dem Bürgersteig zu gehen oder sich in einem Supermarkt zu benehmen hatte. Ständige Sozialkontrolle ist ein Hobby vieler Bayern. Vermutlich existieren solche Menschen überall, aber in München und in anderen Städten im Süden sind sie doch sehr zahlreich. Von den bayerischen Staatsdienern und Angestellten in den Behörden ganz zu schweigen. Es reicht, vermute ich, wenn man sich vergegenwärtigt, wie ihre Politiker drauf sind, um sich gut vorstellen zu können, was man in ihren Behörden erleben kann. Beim Hineingehen, um eine Sachbearbeiterin zu treffen, verflucht man den Tag, an dem man dieses Land betreten hat, und beim Hinausgehen verachtet man die Evolution, die solche Menschen mit solch einem Verhalten hervorgebracht hat.

Die Polizisten in Bayern jedoch sind spezieller als die anderen deutschen Tomaten, sie sind sehr gesellig, mögen es, sich mit den Menschen auf der Straße zu unterhalten, und haben einfach Spaß daran, Typen, die anders aussehen, anzusprechen, sie wollen unbedingt alles über sie und ihr Leben erfahren. Das Vergnügen hatte ich fast täglich. Es gab keine Woche in Bayern, in der ich nicht mindestens ein Mal grundlos von Polizisten kontrolliert wurde. Einst wollte ich abends Zigaretten kaufen, also nahm ich das Geld und ging kurz aus der Wohnung. Gegenüber war eine Tankstelle, in der es nicht nur Benzin, sondern auch Zigaretten und Süßigkeiten zu kaufen gab. Noch bevor ich die Straße überquert hatte, hielt ein Polizeiauto vor mir.

»Ausweis, bitte!«

»Wie bitte?«

»Ausweis, Dokument, Reisepass, *Passport*, *ID*.«

»Der ist zuhause, ich will doch nur kurz etwas kaufen. Ich wohne direkt hier in diesem Haus.«

»Steigen S' ein!«

Auf dem Polizeirevier, das ungefähr vier Minuten mit dem Auto von meiner Wohnung entfernt lag, wurde ich untersucht. Ich musste meine Kleidung inklusive der Unterhose ausziehen. Überraschend war diese Vorgehensweise für mich nicht, denn in den vergangenen Jahren hatten auch schon einige ihrer Kollegen meinen flachen Arsch besichtigt. Dann wurden meine Personalien notiert und meine Fingerabdrücke abgenommen. Letztendlich fotografierte man mich, danach saß ich in einem leeren, engen Raum und wartete. Fast eine Stunde lang. Bis die beiden Polizisten zurückkamen und sagten, wir würden jetzt gemeinsam zu meiner Wohnung fahren, wo ich ihnen dann meinen Ausweis zeigen könne. Zuhause angekommen, stellten sie fest, dass mit mir alles in Ordnung war.

»Ohne Ausweis gäd ma ned nach draußen. Hom S' des vastandn?«

»Alles klar«, sagte ich und schloss die Tür.

Also – noch im selben Jahr, als ich endlich die deutsche Staatsbürgerschaft erhalten hatte, entschied ich mich, von dort abzuhauen. Ich verabschiedete mich von meinen Freunden an einem sehr traurigen Abend und sagte ihnen zuletzt einen Satz, den ich bis heute sehr bereue. Sie haben es nicht verdient, sich so etwas anhören zu müssen, schließlich waren sie nicht der Grund, weshalb ich verschwinden wollte. Wenn man ein Problem mit Lisa hat, soll man nicht auf Sabine schimpfen, nur weil sie blond ist wie Lisa. Das ist eigentlich klar. Was hat Sabine mit Lisa zu tun? Sie sind zwei unterschiedliche Menschen. Leider benahm ich mich an jenem Tag genau so. Mein Satz damals war: »Wenn ich irgendwann Vater werde, werde ich mein Kind überall erziehen können – außer in Saudi-Arabien und in Bayern.« Das haben die vielen netten Menschen in Bayern natürlich nicht verdient, sich von mir so etwas anhören zu müssen.

Nach meiner Flucht aus Bagdad, sorry, meiner Flucht aus München nach Berlin versuchte ich, eine Zulassung für eine Universität zu bekommen, aber in der Hauptstadt herrschte einfach zu viel Chaos. Einige meiner Studienleistungen wurden nicht anerkannt. Und wieder war das München des Ostens auf meiner Seite: Potsdam, wo ich früher zwei Semester lang das Studienkolleg besucht hatte.

Ich wechselte also nach Potsdam. Dort traf ich wieder die alten Tomaten-Affixe, die ich von früher kannte, und ich hatte den Eindruck, sie hätten sich irgendwie vermehrt. Es waren Männer und Frauen, die stets schlecht gelaunt und verbittert aussahen. Sie waren überall anzutreffen. Ich will hier jetzt nicht ausführlich erzählen, wie einige von ihnen mal aus einem Auto heraus auf uns spuckten und »Ausländer raus!« riefen oder wie mein bolivianischer Kommilitone und ich von drei dieser Typen mit einem Buletten-Brötchen voller Ketchup und Senf geschlagen und gefragt wurden: »Ist was los, ähhh?« Die Liste solcher Ereignisse jedenfalls ist sehr lang, und ich habe wie gesagt nicht vor, alle aufzuzählen. Keine Angst. Nur eine Geschichte, die muss hier einfach noch erzählt werden, denn sie wiederholt sich komischerweise von Zeit zu Zeit in verschiedenen Formen und Varianten überall im Lande.

Es geschah an der Haltestelle vor dem Eingang des Potsdamer Hauptbahnhofs. Ich stieg in die Straßenbahn und setzte mich. Als sich die Türen schlossen, kam ein Jugendlicher aus der Bahnhofshalle gerannt, der die Straßenbahn auch noch erreichen wollte. Er sah afrikanisch aus, könnte aber auch Amerikaner oder Franzose gewesen sein, vielleicht war er auch Deutscher. Der Fahrer wartete nicht auf ihn und fuhr los. Der Junge kam angerannt und schlug mit seiner flachen Hand schimpfend gegen die Tür der Bahn, leichtsinnig wie die meisten Jugendlichen auf der Welt. Da sagte ein Mann ganz vorne mit einem eleganten Hut für alle hörbar: »Wenn Adolf nur da wäre!«

Also zurück zu den anderen Affixen und den Verben. In meiner Vorstellung von der deutschen Sprache sollen alle Verben untrennbar werden. Warum? Das ist wirklich sehr einfach zu beantworten. Stellen Sie sich eine Familie vor, der Vater ist in München gestrandet, die Mutter lebt in Potsdam, aber das Kind hockt ganz allein in Bielefeld. Was soll man über diese Familie sagen? Das ist keine Familie, sondern eine Katastrophe. Stimmt's? Genau so sind die deutschen trennbaren Verben. Anders als die Familie trennen sie sich sogar völlig grundlos und machen die Sätze zu einer unnötig komplizierten Welt, in der man vor Wut brüllen möchte.

Warum trennt man sich, wenn es doch überhaupt keinen Grund dafür gibt, wenn es doch überhaupt kein Problem gibt? Ich nenne das »Luxusproblem«. Jeder Mann, jede Frau, der/die sich von seiner/ihrem Partner/in trennt, beginnt auch schon am nächsten Tag, nur noch trennbare Verben zu verwenden, wie AB-SAGEN, AB-SCHLIESSEN, AB-STOSSEN, AUF-HÖREN oder AUS-STEIGEN. Vielleicht will man uns damit zeigen, dass die Trennung auch in der Sprache existiert. Ja, das wissen wir. Und wir vermuten stark, dass irgendwelche getrennt lebenden Sprachwissenschaftler diese Verben vor ein paar Jahrhunderten erfunden haben. Man kann sich ja trennen, wie man will, aber uns auch sprachlich ständig an die Trennung zu erinnern, ist eine Unverschämtheit. Wer das gut findet, muss schon irgendwie selbst sehr leiden wollen.

Für die Familie – und damit auch ganz im Sinne rechtskonservativer Parteien – schlage ich vor, alle Verben für untrennbar zu erklären, für ein gutes gemeinsames Zusammenleben. Nur so hat die Familie eine Zukunft in dieser Sprache und in dieser Gesellschaft. Das Kind in Bielefeld soll seine Eltern bei sich haben.

Deutsch

Anstehen – trennbar:

er steht an, du stehst an, …

bestehen – untrennbar:

er besteht, du bestehst, …

Neudeutsch

Anstehen – trennbar:

er ansteht, du anstehst, …

bestehen – untrennbar:

er besteht, du bestehst, …

Neudeutsch

An de Sonntag gegen 6 Uhr de Kind aufwacht. Es aufweckt sein Vater. Sie kuscheln und plaudern. De Vater aufsteht und zubereitet de Frühstück. Ab 9 Uhr es losgeht mit de Spielen. De Kind spielt de Rolle min Robin Hood und sein Vater ist Little John: Sie stehlen Geld min die Reiche und geben es die Arme.

Um 12:30 Uhr de Vater ist fix und fertig. Er <u>überlegt</u> ernsthaft, de Disney-Film *Robin Hood* zu <u>bestellen</u>. Vielleicht de Kind <u>anschaut</u> er und lässt sein Vater für 120 Minuten in Ruhe. Er will spielen ja nicht de ganz Tag Little John. Sein echt Name fehlt er langsam.

Um 15 Uhr de Vater hat überstanden de Spielzeit, nun die Großeltern <u>auftauchen</u> und <u>spazierengehen</u> mit de Kind. De Vater beeilt sich, um de Satz »Mein echt Name fehlt mi langsam« in de Notizheft zu schreiben.

18 Uhr. De Vater <u>umschaut</u> sich in sein Arbeitszimmer und checkt sein E-Mails. De Kind ist wieder da. De Vater <u>umarmt</u> es. Nach de Abendessen es <u>losgeht</u> wieder mit de Spielen. De Kind fragt sein Vater: »Wollen wir Geld klauen, Little John?« – »Ja, mein Robin. Los!«

Alle Verben sind untrennbar.

Sie stehen immer in der zweiten Position in einem Satz, außer beim Infinitivsatz.

Döner-Dürüm im deutschen Alphabet

Bevor ich meine Ausführungen beende, habe ich das Bedürfnis, mich noch einmal über die Umlautbuchstaben zu be-
schweren. Ich habe zu Beginn ausführlich davon berichtet,
welches Problem ich mit ihnen habe. Sie sind im Kern ja keine echten Buchstaben, sondern zwei Buchstaben in einem,
trotzdem sind sie in Deutschland als selbstständige Schrift-
zeichen anerkannt und dürfen mein Leben und das von vielen anderen in eine Hölle verwandeln.

Doch das ist kein Wunder, denn das Alphabet der Deutschen ist generell gewissermaßen chaotisch. Es fängt schon
mit der Buchstabenanzahl an. Man ist nicht sicher, ob es aus
26, 27, 28, 29 oder 30 Buchstaben besteht. Es wird von 26
Grundbuchstaben gesprochen, hinzu kommen dann aber
noch meine Feinde auf Erden, die Umlautbuchstaben Ä, Ö, Ü,
mit einer weiteren seltsamen Erscheinung, dem Eszett (ß),

das man auch »scharfes s«, »Doppel-s« oder »Rucksack-s« nennt.

Zusammen mit diesem ominösen Ding ß sind es 30 Buchstaben. Die Schweizer hingegen erkennen die Umlaute an, aber das Rucksack-S nicht, es gibt dort kein scharfes S. Sie betrachten es als »unrein«. Manchmal nennen sie es auch »Flüchtlings-S«, vielleicht weil in ihrer Vorstellung alle Flüchtlinge mit leichten Rucksäcken reisen und sicher nicht mit vollen Koffern. Sie haben das Flüchtlings-S nach Deutschland abgeschoben, und seitdem haben sie nur noch 29 Buchstaben. Die Deutschen aber müssen mit 30 Buchstaben weiterleben.

Die 26 Grundbuchstaben sind klar und deutlich, man findet sie auch in vielen anderen Sprachen der Welt wieder. Die Umlautbuchstaben Ä, Ö, Ü hingegen haben einen unklaren Status, keiner weiß genau, wo sie herkommen und wie sie entstanden sind. Vielleicht haben sie sich aus dem Türkischen durch Wörter wie »Döner-Dürüm« ins Deutsche eingeschlichen, sich dann heimisch gemacht. Die Osmanen standen einmal mit einer gigantischen Armee vor Wien. Gab es damals im Osmanischen Reich auch Döner? Das Reich war auch ein Verbündeter der Deutschen in unzähligen Schlachten, es gab und gibt eine intensive Zusammenarbeit zwischen den beiden Völkern. Mit den Diktatoren von Konstantinopel bzw. Istanbul macht man in Berlin, auch im 21. Jahrhundert, gern Geschäfte. Moment! Damals hatten die Osmanen aber keine lateinischen Buchstaben! Aber der Ton der Umlaute hat in ihren arabischen beziehungsweise osmanischen Buchstaben sicherlich existiert, oder nicht?

Als ich das erste Mal die Türkei besuchte, war ich sehr aufgeregt. Einerseits weil ich mich dort illegal aufhielt, andererseits weil ich auf dem Boden des Landes stand, das früher mehr als vierhundert Jahre lang über den Irak herrschte. In Istanbul begegnete ich jedoch keinem osmanischen Herrscher, sondern den ersten Umlauten meines Lebens. Flüchtlinge hatten es in dieser Metropole nicht leicht. Unzählige inländische Typen verdienten mit den Flüchtlingen ihr Geld. Einige Ladenbesitzer verkauften ihnen das Brot für den dreifachen Preis. Auf dem großen Basar im Westteil der Stadt gab es eine ganze Abteilung, in der man »Flüchtlingsausstattung« besorgen konnte: wasserdichte Bekleidung, Ruck- und Schlafsäcke, Schweizer Outdoor-Campingbesteck, Konserven und auch »Sindbad-Turnschuhe«, die man angeblich für das Wegrennen vor den Grenzpolizisten brauchte. Das waren chinesische Produkte, sogar Sindbad und das Schweizer Besteck, trotzdem kostete ein einfacher Rucksack genauso viel wie einer von Jack Wolfskin. Die Schlepper, ihre Mithelfer und die Gangster gehörten zum Alltag. Mit ihnen hat man – egal wo, ob in Istanbul oder auf dem Mars – nur Ärger. Und die türkischen Polizisten? Sie konnten ihr monatliches Gehalt mit uns verdoppeln. Fünfzig Dollar kostete eine Polizeikontrolle. Wenn sie jemanden kontrollierten, der keine Papiere hatte, musste er fünfzig Dollar bezahlen, dann wurde er mit den Worten »*Güle güle*« entlassen. Wenn jemand kein Geld besaß, gab es eine zweite Möglichkeit, freizukommen: Man wurde aufs Polizeirevier gebracht, wurde nicht eingesperrt, sondern musste das ganze Revier putzen. Dann wurde man auch mit den Worten »*Güle güle*« entlassen. Ich dachte immer, »*güle*« sei ein Schimpfwort, aber ich erfuhr später, dass es »Auf Wiedersehen« bedeutet. Zwei Mal habe ich am eigenen Leib »*Güle güle*« erlebt, beide Male habe ich fünfzig Dollar bezahlt.

Irgendwann schaffte ich es, dieses Land zu verlassen, doch traf ich in Europa auf eine weitere »Gülle«, nicht zuletzt in den deutschen Umlauten.

Die müssen abgeschafft werden. Das ist mein Traum. Oder besser gesagt, sie müssen aus dem Gülle-Land abgeschoben werden, ins *Güle-güle*-Land zurück. Umlaute sind Kombinationen aus zwei Buchstaben, behaupten aber, sie seien echte Buchstaben. Sie sind Betrüger.

Ö = OE

Ü = UE

Ä = AE

Diese beiden Laute in den Kombinationen OE, UE und AE, die sich als selbstständige Buchstaben ausgeben, sollten von nun an lang, getrennt und betont ausgesprochen werden, sodass der Ton des Umlautes nicht mehr präsent ist und für immer und ewig aus der deutschen Sprache verschwindet. Wir sollten uns auf die Grundbuchstaben konzentrieren. Ä, Ö, Ü sind hier unerwünscht und haben in der deutschen Sprache nichts zu suchen. Auf jeden Fall haben sie keinen klaren Sta-

tus und verdienen deshalb nun mal keine Einbürgerungs-
urkunde. Ich bin dafür, sie abzuschieben, egal, wohin. Sie haben hier einfach nichts zu suchen.

Deutsch	Neudeutsch	Worttrennung
Mönch	Moench	Mo-ench
Gülle	Guelle	Gu-elle
München	Muenchen	Mu-enchen

Und was macht man mit dem scharfen Flüchtlings-S? Bei diesem Ding geht es nicht um die Aussprache, sondern um die
Schreibweise. Ich persönlich habe kein Problem damit und
ich kenne keinen Ausländer, der sich über das Flüchtlings-S
beschwert hat. Von mir aus kann es weiter existieren. Aber es
ist tatsächlich nervig und ärgert alle. Zum Beispiel gibt es
kein deutsches Wort mit einem ß als erstem Buchstaben. Es
wird bislang immer kleingeschrieben. Obwohl das Eszett ein
deutscher Sonderling ist, wurde es auch von Hitler höchstpersönlich nicht wirklich wahrgenommen. Es hieß offiziell in
jener Zeit, der Führer habe sich für eine Beibehaltung des ß in
der Normalschrift entschieden, er habe sich aber gegen die
Schaffung eines großen ß ausgesprochen. Das war lange das
Schicksal des Buchstabens. Seit Kurzem gibt es nun sogar ge-
setzlich ein großes ß, aber keiner nimmt es ernst.

Dieses seltsame ß wird, wie bereits erwähnt, in der
Schweiz, aber auch in Liechtenstein, wo noch ein paar Menschen Hochdeutsch können, nicht als Buchstabe wahrgenommen. SS schlägt Flüchtlings-S. Für sie ist das scharfe S

kein Buchstabe, sondern es sind zwei Buchstaben in einem. Auch wenn die beiden Länder nun wirklich keine Vorreiter für eine einfache deutsche Sprache sind, haben sie in diesem Fall recht. Das Ding ist kein Buchstabe. Die Schweiz kann sich in diesem Bereich nützlich machen, denn sie sollte nicht nur als Geldanlagenoase für Steuerhinterzieher, Diktatoren und internationale Langfinger da sein, sondern kann (in diesem Punkt jedenfalls) auch Vorbild für deutschsprachige Menschen sein. Warum soll das Eszett existieren, wenn in den Grundbuchstaben schon S und Z vorhanden sind? Das ist sinnlos. Je weniger Buchstaben es gibt, desto besser. Ansonsten kann das Flüchtlings-S machen, was es will. Hauptsache ist, es tut keinem weh, dann ist alles gut.

Das Verzichten auf Ä, Ü, Ö allerdings ist für alle sehr wichtig. Ich erinnere mich: Als ich mich das erste Mal auf einem Weihnachtsmarkt in einer kleinen bayerischen Stadt Namens Passau als integrierter Araber und Muslim zeigen wollte, stand ich mit einer Studentin und ihren Freundinnen vor einer Bude. Sie gaben mir und anderen Ausländern zweimal wöchentlich Deutschunterricht in den Räumen der Caritas. Sie studierten, jobbten und brachten uns ehrenamtlich ihre Muttersprache bei. An jenem Abend sagte eine von ihnen zu mir: »Jetzt versuch, allein zu bestellen: Ich hätte gern Glühwein!«

Ich ging zum Glühweinausschank und schaute die Dame in ihrer bayerischen Tracht an, die meine Bestellung erwartete. Ihre halbnackten Brüste glotzten in den Himmel wie zwei Raketen. Stolz sagte ich: »Ich heite gern Klowein.«

Damit »Glühwein« nie wieder zu »Klowein« wird, schlage ich hier die Form des deutschen Alphabets vor, die ich mir für das zukünftige Zusammenleben wünsche:

A	B	C	D	E	F	G	H	I	J	K	L	M
N	O	P	Q	R	S	T	U	V	W	X	Y	Z

Das Alphabet besteht aus 26 Buchstaben.

Es gibt keine Umlaute.

Das ß existiert nicht.

Der Traum von der Umlaute-Verprügeln-Mode

»Wie ist jede – aber auch jede – Sprache schön,
wenn in ihr nicht nur geschwätzt, sondern gesagt wird.«
Christian Morgenstern

Derjenige, der einmal behauptete, »wir wohnen nicht in einem Land, sondern in einer Sprache«, hatte recht. Wenn man eine Sprache wie ein Zuhause wahrnimmt, geht man tatsächlich anders damit um. Man reinigt sie zum Beispiel wöchentlich wie die eigene Wohnung. Täglich werden auch ein paar Sachen da und dort aufgeräumt oder zumindest wird der Müll runtergebracht. Zuhause will man sich gemütlich auf das Sofa des guten Gewissens legen. Ich persönlich bin schon vor langer Zeit ins Deutsche umgezogen und fühle mich hier längst Zuhause. Nun habe ich ein bisschen renoviert und einiges saniert, ich habe endlich mein Ziel erreicht: Das Neudeutsche ist für mich eine wohltemperierte Wohnung aus klaren Buchstaben und feinen grammatikalischen Fällen.

Perfekt ist mein Neudeutsch sicherlich nicht geworden, aber es war ein Versuch, und jeder Versuch ist wertvoll. Es gibt noch viele Bereiche der deutschen Sprache, die man umformen kann und muss, wie zum Beispiel: die Verwendung von ES, die Komposita, die Modalverben, das Passiv, Zahlwörter, HABEN und SEIN, die indirekte Rede, der Konjunktiv ... Wenn ich einen Auftrag von der Deutschen Akademie für Sprache und Dichtung in Darmstadt oder der Gesellschaft für deutsche Sprache in Wiesbaden oder dem Verein Deutsche Sprache e. V. in Dortmund bekäme, würde ich natürlich für einige Jahre an diesen Dingen arbeiten können und auch diese Bereiche der Grammatik menschlicher gestalten.

Ich habe versucht, den Satzbau im Nebensatz in einen Hauptsatz zu verwandeln, einen einheitlichen Artikel für alle Wörter zu erfinden, eine neue Form für die Randgruppen einzuführen, die Sprache von einer der härtesten Krankheiten, von der Deklination, zu heilen. Für den Erhalt der Familie habe ich die trennbaren Verben untrennbar gemacht. Ebenfalls für die Völkerverständigung habe ich den Bestand der Präpositionen reduziert und neue aus dem Arabischen eingeführt.

Eine Sprachrevolution ist das sicherlich nicht. Ich habe einfach nur an der Oberfläche dieser Sprache gekratzt. Die Arbeit war wie eine Art Traumabewältigung. Sicherlich war ich nicht als Therapeut Teil der Sitzungen, sondern als erfahrener Patient.

Nun würde ich mir wünschen, dass zumindest einige Sprachschulen des Landes ein paar Ideen meiner Aufarbeitungen ernst nähmen, besonders das Goethe-Institut und die Volkshochschulen. Ich würde es auch begrüßen, wenn sich die Sprachwissenschaftler mit meinen Erneuerungen be-

schäftigen würden, schließlich sind sie die Hüter dieser Sprache, sie sollen sie vor dem Untergang schützen. Wir sitzen
doch alle im gleichen Boot.

Ich hoffe auch, dass keiner auf die Idee kommen wird,
mich als einen »Volltrottel« zu bezeichnen. »Die Sudler sollten ihre Dummheit an etwas Anderm auslassen, als an der
Deutschen Sprache.« Das schrieb Arthur Schopenhauer mal.
Und ich bitte Sie: Sagen Sie so etwas nicht über mich. Ich
habe doch wirklich keine bösen Absichten.

Man kann meine ganze Arbeit in diesem Buch missbilli-
gen. Damit habe ich kein Problem. Okay. In Ordnung. Es wäre
aber toll, wenn zumindest das Thema der Umlaute ernst ge-
nommen würde. Ja, das ist eine große Sache für mich. Ich
träume davon, dass ein Politiker diese Problematik einmal öffentlich anspricht. In Deutschland schaffen es die Mächtigen
oft, etwas in der Gesellschaft und in der Sprache in Bewegung zu bringen.

Als vor ein paar Jahren zahlreiche Flüchtlinge aus Syrien
und anderen Ländern in Deutschland ankamen, gingen viele
Menschen auf die Straße und halfen den Neuankömmlingen.
Es waren starke Momente der Solidarität, etwas in diesem
Ausmaß hatte es in Deutschland noch nie gegeben, obwohl
Asylbewerber auch vorher schon da gewesen waren. Es war
fast ein gesellschaftlicher Trend: die Flüchtlingshilfen-Mode.
Zahllose Bürger wollten mitmachen, mit der Kanzlerin als
Vorbild. Sogar ein Politiker der rechten Parteien, der vorher,
wie er öffentlich bekundete, die Flüchtlinge wieder hatte ins
Meer werfen wollen, kam auf die Idee, einige von ihnen ein-

zuladen und mit ihnen vor laufender Kamera zu frühstücken. Dieser Trend hielt jedoch nicht sehr lange an. Ein Wendepunkt war die Silvesternacht in Köln. Im Bereich des Hauptbahnhofs und des Kölner Doms kam es wohl zu zahlreichen sexuellen Übergriffen auf Frauen durch Gruppen junger Männer, überwiegend aus den nordafrikanischen Ländern. Obwohl die Syrer aus Vorderasien kommen und nicht aus Afrika, waren sie am meisten von den Folgen dieser Nacht und von den Vorwürfen betroffen. Einige Politiker, wie derjenige, der passend zum vorherigen Modetrend mit Flüchtlingen vor laufender Kamera gefrühstückt hatte, redeten plötzlich über all die Vergewaltiger, die man abschieben solle. Andere Volksvertreter wollten auf Flüchtlinge schießen oder sie einsperren. Seitdem begann sich eine neue Bewegung in Deutschland auszubreiten: die Flüchtlingsunterkünfte-Anzünden-Mode, die auch schnell noch weitere Bewegungen aufkommen ließ, wie die Auf-Schwarzhaarige-Spucken-Mode und die Ausländer-Jagen-Mode.

Solch eine Bewegung im Bereich der Umlautbuchstaben wünsche ich mir. Ich meine das nicht ironisch, sondern ernst. Vielleicht wird einmal ein mächtiger Politiker der konservativen oder auch linken Parteien behaupten, die Umlautbuchstaben seien »nationale Symbole der Deutschen und ein Zeichen für die Vielfalt der Gesellschaft«. Dann würde die Unsere-Umlaute-Schützen-Mode entstehen. Vielleicht wird dann ein Abgeordneter von der Masse geschlagen und gedemütigt werden, der ein Wort mit einem Umlaut in seiner Rede nicht richtig ausgesprochen hat.

Vielleicht werden aber auch rechtsradikale Politiker behaupten, die Umlaute seien eine Erfindung der Türken oder der Südafrikaner und sollten abgeschoben oder einfach abgeschafft werden. Dann entwickelt sich eine neue Bewegung: die Umlaute-Verprügeln-Mode. Davon träume ich. Die rechtsradikalen Parteien müssen davon überzeugt werden, dass diese Umlaute Fremdlinge sind. Nur mit ihrer Hilfe werde ich es vielleicht eines Tages erleben, dass es eine deutsche Sprache ohne Umlaute gibt. Die Rechtsradikalen sind meine große Hoffnung.

Mit freundlich Gruessen
   Ihr Abbas Khider

Inhalt

»Ein Buch, das über die Geschichte des Iraks weit hinausgeht.«

Insa Wilke, *3sat Kulturzeit*

Shams Hussein ist ein normaler Junge mit ganz normalen Träumen. In der Hoffnung auf ein friedlicheres Leben zieht seine Familie aus dem Süden des Irak nach Bagdad. Doch aus dem Streben nach einer besseren Zukunft wird in dem von Saddam Hussein beherrschten Land schnell ein Leben in existenzieller Not. Die Familie wohnt neben einem Müllberg, Shams arbeitet als Plastiktütenverkäufer, als Busfahrergehilfe, als Lastenträger. Und er liebt Bücher. In einer Zeit jedoch, in der ein falsches Wort den Tod bedeuten kann, begibt er sich damit in eine gefährliche Welt.

320 Seiten. Gebunden

HANSER
hanser-literaturverlage.de